Module Erziehungswissenschaft

Band 12

Reihe herausgegeben von
Hedda Bennewitz, Universität Kassel, Kassel, Deutschland
Andrea Kleeberg-Niepage, Europa-Universität Flensburg, Flensburg, Deutschland
Sandra Rademacher, Europa-Universität Flensburg, Flensburg, Deutschland

‚Module Erziehungswissenschaft' ist eine moderne Lehrbuchreihe, die der Organisationsstruktur erziehungswissenschaftlicher Studiengänge in Modulen entspricht. Jede Einführung greift einen Kernbegriff oder Gegenstandsbereich auf, der zentral für die Modulbeschreibungen zum Studium an Hochschulen ist. In übersichtlichen und klar gegliederten Darstellungen finden Studierende einen komprimierten Überblick zum Fachgegenstand. Definitionen, zusammenfassende Übersichten und kommentierte Literaturhinweise helfen, das Gelernte zu vertiefen. Damit wird ein sicherer Einstieg in die zentralen Begriffe und Lernfelder der Erziehungswissenschaft ermöglicht. Die Konzeption der Bücher orientiert sich eng am Studien- und Arbeitsalltag von Studierenden und Dozentinnen und Dozenten. Im Laufe eines Semesters lassen sich die „Module" oder einzelne Kapitel als „Teilmodule" daraus effektiv in Seminarveranstaltungen – oder als Vor- und Nachbereitung von Vorlesungen – einsetzen und bearbeiten. Ziel der Reihe ‚Module Erziehungswissenschaft' ist es, ein gesichertes Basiswissen für das Fach Erziehungswissenschaft in Form von modul-orientierten Lehrbüchern zu entwickeln und bereitzustellen.

Sven Thiersch

Jugend
Eine Einführung

Sven Thiersch
Institut für Erziehungswissenschaft
Universität Osnabrück
Osnabrück, Deutschland

ISSN 2524-3519　　　　　　　　ISSN 2524-3527 (electronic)
Module Erziehungswissenschaft
ISBN 978-3-658-30391-4　　　　ISBN 978-3-658-30392-1 (eBook)
https://doi.org/10.1007/978-3-658-30392-1

Die Deutsche Nationalbibliothek verzeichnet diese Publikation in der Deutschen Nationalbibliografie; detaillierte bibliografische Daten sind im Internet über https://portal.dnb.de abrufbar.

© Springer Fachmedien Wiesbaden GmbH, ein Teil von Springer Nature 2025

Das Werk einschließlich aller seiner Teile ist urheberrechtlich geschützt. Jede Verwertung, die nicht ausdrücklich vom Urheberrechtsgesetz zugelassen ist, bedarf der vorherigen Zustimmung des Verlags. Das gilt insbesondere für Vervielfältigungen, Bearbeitungen, Übersetzungen, Mikroverfilmungen und die Einspeicherung und Verarbeitung in elektronischen Systemen.
Die Wiedergabe von allgemein beschreibenden Bezeichnungen, Marken, Unternehmensnamen etc. in diesem Werk bedeutet nicht, dass diese frei durch jede Person benutzt werden dürfen. Die Berechtigung zur Benutzung unterliegt, auch ohne gesonderten Hinweis hierzu, den Regeln des Markenrechts. Die Rechte des/der jeweiligen Zeicheninhaber*in sind zu beachten.
Der Verlag, die Autor*innen und die Herausgeber*innen gehen davon aus, dass die Angaben und Informationen in diesem Werk zum Zeitpunkt der Veröffentlichung vollständig und korrekt sind. Weder der Verlag noch die Autor*innen oder die Herausgeber*innen übernehmen, ausdrücklich oder implizit, Gewähr für den Inhalt des Werkes, etwaige Fehler oder Äußerungen. Der Verlag bleibt im Hinblick auf geografische Zuordnungen und Gebietsbezeichnungen in veröffentlichten Karten und Institutionsadressen neutral.

Springer VS ist ein Imprint der eingetragenen Gesellschaft Springer Fachmedien Wiesbaden GmbH und ist ein Teil von Springer Nature.
Die Anschrift der Gesellschaft ist: Abraham-Lincoln-Str. 46, 65189 Wiesbaden, Germany

Wenn Sie dieses Produkt entsorgen, geben Sie das Papier bitte zum Recycling.

Danksagung

Für die Umsetzung des Buches konnte ich mich auf die inhaltlichen Diskussionen im Rahmen von Forschungsprojekten und -beiträgen stützen. Für die darin gewonnenen Erkenntnisse möchte ich mich bei Werner Helsper, Rolf-Torsten Kramer, Julia Labede, Mirja Silkenbeumer, Andreas Wernet und Eike Wolf bedanken. Zudem haben mir die Beiträge von Studierenden in meinen Lehramtsseminaren zum Thema „Jugend und Schule" wichtige Anregungen für eine Einführung in das Themenfeld gegeben.

Besonders hilfreich waren für die konkrete Realisierung des Buches die kritischen Rückmeldungen von meinen Kolleg*innen, namentlich Hedda Bennewitz, Andrea Kleeberg-Niepage, Sina Köhler, Mirja Silkenbeumer und Eike Wolf. Allen Genannten sei an dieser Stelle ein herzlicher Dank ausgesprochen. Bei Liesa Mund möchte ich mich für die aufmerksame, akribische und umsichtige Korrektur und die Literaturverwaltung der einzelnen Kapitel sowie das Feedback aus Studierendensicht bedanken. Ihr Beitrag war für die Fertigstellung des Bandes eine große Unterstützung!

Inhaltsverzeichnis

1 **Was ist Jugend? Bilder, Diskurse und Perspektiven** 1
   1.1 Einleitung: Eine erziehungswissenschaftliche Einführung zu
       Jugend(en). 1
   1.2 Zur Vielschichtigkeit des Begriffs Jugend 4
   1.3 Jugend als eine Übergangsphase der individuellen Entwicklung
       und sozialen Integration in der Biografie 8
   1.4 Jugend als Raum gemeinschaftsstiftender Erfahrungen und
       kultureller Praktiken 10
   1.5 Jugend als gesellschaftliche Zuschreibung und Typisierung 12
   1.6 Jugend und Jugendlichkeit als Lebensstil, Norm und
       gesellschaftliches Leitbild 14
   1.7 Jugend als historisch und kulturell hervorgebrachte Form 15
   Literatur 20

2 **Jugend und ihre Lebenswelten – Ausgewählte Forschungsfelder
   und -befunde** 25
   2.1 Jugend und Familie 25
   2.2 Jugend und Schule 28
   2.3 Jugend und Peers 33
   2.4 Jugend und Medien 36
   2.5 Jugend, Krisen und Zukunft 39
   Literatur 43

3 Jugend zwischen Altem und Neuem – Fallrekonstruktionen 53
3.1 Kurze Einführung in die qualitative Jugendforschung 53
3.2 Jugend in der familialen Interaktion 56
  3.2.1 Erwachsene Jugendliche und jugendliche Erwachsene 59
3.3 Jugendliche Peer-Erfahrungen mit digitalen Medien in der Schule 64
  3.3.1 Zwischen medialer Überlegenheit und Zurückweisung..... 66
  3.3.2 Strategien und Taktiken des Entzugs pädagogischer Kontrolle... 70
3.4 Jugendliche in gesellschaftlichen Krisen und vor ungewissen Zukünften 73
  3.4.1 Offenbarung in der Verzichts- und Entbehrungskrise....... 75
  3.4.2 Ohnmacht in der Ordnungskrise..................... 77
Literatur 82

4 Jugend im transformativen Spannungsfeld von Generativität, Krisen und Autonomie – Theoretische Bestimmungen 85
4.1 Generationale (Un-)Ordnung 85
4.2 Krise und Routine 90
4.3 Autonomie und Abhängigkeit 94
Literatur 98

5 Jugend und pädagogisches Handeln – Erziehungswissenschaftliche Reflexionen 103
5.1 Zur Marginalisierung der erziehungswissenschaftlichen Forschung zum pädagogischen Handeln mit Jugendlichen 103
5.2 Grenzen und Entgrenzungen in der pädagogischen Praxis mit Jugendlichen...106
5.3 Anerkennung und Verletzung zwischen Subjektorientierung und Subjektivierung 112
5.4 Professionelle pädagogische Arbeit mit Jugendlichen: Paradoxien, stellvertretende Deutung und Krisenbewältigung......115
Literatur 121

Was ist Jugend? Bilder, Diskurse und Perspektiven 1

▶ In diesem Kapitel wird der facettenreiche Begriff Jugend diskutiert. Historische und aktuelle (Alltags-)Bilder über Jugend bzw. Jugenden werden eingeordnet und auf Basis theoretischer Überlegungen gedeutet. Ausgehend von den sehr heterogenen Diskursen zu Jugend werden Abgrenzungs-, Normativitäts- und Konstruktionsprobleme des Begriffs erörtert und fünf zentrale Betrachtungsweisen beschrieben. Es wird so aufgezeigt, wie Jugend aus diesen Perspektiven Jugend verstanden werden kann. Schließlich wird in der Zusammenschau Jugend als eine in gesellschaftliche, historische und kulturelle Wandlungsprozesse eingebettete Phase, Form und Norm der individuellen und kollektiven Gestaltung und Bewältigung von Transformationen bzw. Transformationsanforderungen definiert.

1.1 Einleitung: Eine erziehungswissenschaftliche Einführung zu Jugend(en)

In zahlreichen sozialen und pädagogischen Handlungsfeldern sind Jugendliche die zentralen Akteur*innen und Adressat*innen pädagogischer Praxis. In der Erziehungswissenschaft erschienen allein in den letzten Jahren zahlreiche (Hand-)Bücher und Werke (z. B. Ecarius und Eulenbach 2012; Sandring et al. 2015; Kleeberg-Niepage und Rademacher 2018; Grunert et al. 2020; Puchert und Schwerdtfeger 2020; Krüger et al. 2022; Grunert et al. 2024a, b). Allerdings gibt es bislang nur wenige Einführungen (vgl. als Ausnahmen z. B. Andresen 2005; Hurrelmann und Quenzel 2022), die gebündelt diskutieren und festhalten, welche Perspektiven auf Jugend(en) bestehen, welche Untersuchungen und Erkenntnisse aktuell vorliegen und wie pädagogisches Handeln mit Jugendlichen zu reflektieren ist. In der folgenden Einleitung soll anschließend an diese Fragen und die bestehenden Systematisierungen zunächst geklärt werden, welchem Ziel dieses Buch folgt, worin das Potenzial einer Betrachtung von Lebenswelten, Praktiken und Wissensformen von Jugendlichen für die erziehungswissenschaftliche Reflexion liegt und warum eigentlich von einer Schreibweise „Jugend(en)" im Plural mit Klammern auszugehen ist.

Die Frage, was Jugend auszeichnet und wie sie zu bestimmen sei, wird seit Beginn der erziehungswissenschaftlichen Auseinandersetzung gestellt und kann scheinbar immer nur eine Momentaufnahme sein. In der Literatur existieren zahlreiche und je nach Disziplin (Psychologie, Soziologie, Erziehungswissenschaft) sehr unterschiedliche Definitionen und Annahmen über den Begriff, wobei immer die je aktuellen gesellschaftlichen Diskurse prägend waren. Jugend ist ein Phänomen der Moderne in den „westlichen" Industrieländern, das von Transformationen und unterschiedlichen Perspektiven geprägt ist. Seit den Ursprüngen am Ende des 19. Jahrhunderts wird Jugend sowohl als Lebens- und Entwicklungsphase als auch als eine soziale Form der Vergesellschaftung mit Erwartungen und Infragestellungen konfrontiert. Jugend steht für Neues aber auch für Ambivalenzen und Friktionen, die von Jugendlichen im je spezifischen historischen, kulturellen und gesellschaftlichen Kontext konstruktiv wie destruktiv zum Ausdruck gebracht werden. Durch gesellschaftliche Etikettierungen und Labels der Erwachsenen werden dabei homogenisierend sogenannte Jugendgenerationen (z. B. Generation X, Y, Z) immer wieder gebildet. Zugleich ist Jugend aber auch zum Leitbild und zur Norm von Erwachsenen geworden. Verzeitlichungs- und Endlichkeitsprobleme in der Moderne werden mit einem jugendlichen Lebensstil bearbeitet.

Die Kategorie Jugend ist von diesen Mehrdeutigkeiten und Unklarheiten durchzogen. Bestimmungsschwierigkeiten entstehen bereits mit der Frage, ob man es überhaupt (noch) mit einem einheitlichen Phänomen zu tun hat. Angesichts pluraler Lebenslagen, Lebensformen und individueller Lebenswege hat man sich in der empirischen Forschung vom Konstrukt einer homogenen Jugend bzw. Jugendkultur verabschiedet (schon Lenz 1986, 1990; Scherr 2016, S. 147). Zudem hat sich im Zuge historischer Neustrukturierungen und Ausdifferenzierungen der Lebensabschnitte die Jugendphase zeitlich ausgedehnt und sind Abgrenzungen zur Kindheit und zum Erwachsenenalter nicht mehr eindeutig möglich. Dennoch werden sowohl im öffentlichen Diskurs als auch in der Jugendforschung selbst – kritisch betrachtet – die jeweiligen Generationsetikettierungen und -labels (z. B. Generation Me, App, Greta etc.) nach wie vor aufrechterhalten (Mey 2018). Der Diversität von Jugenden werden solche homogenisierenden Konstruktionen nicht gerecht (Grunert et al. 2024a).

Kritische Positionen zum Jugendbegriff sehen schon länger in „Jugend nur ein Wort" (Bourdieu 1980), das die soziale Gruppe, die es beschreiben will, vage und unpräzise in den Blick nimmt. Jugend wird und ist dementsprechend nicht mehr durch eindeutig differente (sub)kulturelle Lebensstile und Symboliken, Einstellungen und Haltungen, fundamentale Oppositions- und Protestformen oder wissenschaftliche Altersmarkierungen bestimmbar. In diesem Zusammenhang ist zu beobachten, dass in den Untersuchungen der Jugendforschung der Gegenstand diffus erscheint und unklar bleibt, welche Perspektive auf welchen Ausschnitt von Jugend geworfen wird (Merkens 2008). Normativitätsprobleme resultieren bis heute darin, dass mit Jugend beispielsweise milieuspezifische oder männlich-bürgerliche Vorstellungen des Alltags in wissenschaftlichen Betrachtungen eingehen bzw. durch diese hervorgebracht werden (z. B. Bourdieu 1980, S. 138; King 2013, S. 34).

Die beschriebene Ausgangslage macht es lohnenswert, den Gegenstand Jugend(en) trotz aber auch gerade wegen einiger Auflösungsdiagnosen zu fokussieren und zu diskutieren. Ansinnen und Ziel des Buches ist es, ausgehend von einer Einführung und einen kompakten Überblick für Studierende, die Relevanz des Begriffs für erziehungswissenschaftliche Reflexionen zu bestimmen und zu begründen. Zu fragen ist, ob es angesichts des sozialen Wandels und der damit einhergehenden Veränderungen eines (neuen) Jugendbegriffs bedarf, welche Elemente Jugend heutzutage wie kennzeichnen und wie diese theoretischen Konturen aussehen könnten (Grunert et al. 2024b). Eine zentrale These des Buches geht davon aus, dass die Signifikanz des Begriffs nicht obsolet geworden ist (Bauer 2023), obwohl Studien Tendenzen einer zunehmenden Anpassung von Jugendlichen an den Wertekanon ihrer Eltern, des Rückgangs identitätsstiftender Jugendkulturen bzw. Jugendszenen (Calmbach et al. 2024) sowie der zeitlichen Entgrenzung der Jugendphase in den letzten Jahrzehnten empirisch belegen. Argumentiert wird, dass Jugend gerade durch diese Prozesse – an vielen Stellen mehr denn je – eine relevante Phase und Norm des Lebens darstellt. Sie ist in pädagogischen Handlungsfeldern eine zentrale Bezugsgröße: erstens zur Anerkennung, Unterstützung und Förderung von Subjekt- und Persönlichkeitsbildungen in der konkreten pädagogischen Praxis mit Jugendlichen, zweitens zur Analyse von aktuellen gesellschaftlichen Entwicklungen und drittens zur Reflexion des beruflichen Selbstverständnisses von Pädagog*innen, die sich dauerhaft der Arbeit mit Jugend(en) verschrieben haben und selbst einmal Jugendliche waren (vgl. Kap. 5).

Eine weitere zentrale These sowohl für die Theoretisierung und Forschung zu als auch für die Arbeit mit Jugendlichen ist dabei, die Differenz der vielfältigen symbolischen Ausdrucks- und Erscheinungsformen von Jugenden im Plural einerseits (z. B. Lebensformen und -stile wie der Mode- oder Musikgeschmack) und den konstitutiven Tiefenstrukturen und Merkmalen von Jugend im Singular andererseits (z.b. die Adoleszenzkrise). Um zu verstehen, wie die unterschiedlichen empirischen Sichtphänomene und transformativen Prozesse von Jugenden generiert werden (vgl. Kap. 2), bedarf es begrifflicher Instrumente zu den strukturellen Aspekten von Jugend (vgl. Kap. 4). Vor diesem Hintergrund ist – streng genommen – von Jugend(en) im Plural mit Klammern auszugehen. Um eine Lesbarkeit des Buches zu gewährleisten, wird in den Überschriften die Schreibweise Jugend aber einheitlich verwendet. Nur wo es die Betrachtungsweise bzw. -ebene zwingend erforderlich macht, wird in den Kapiteln der zentrale Begriff im Plural mit oder ohne Klammern in bewusster Absicht gebraucht.

Diese Einführung kann nicht alle Perspektiven, Theorien sowie Forschungsthemen und -befunde der Jugendforschung aufgreifen und abbilden (vgl. dazu das aktuelle Handbuch von Krüger, Grunert und Ludwig 2022). Es muss in den einzelnen Kapiteln insofern eine begründete Auswahl erfolgen. Vor allem bezieht sie sich auf die Entwicklungen und den Stand des nationalen Jugenddiskurses in der Erziehungswissenschaft, auch wenn damit „nur" ein Ausschnitt der Betrachtung in den Blick kommt und eurozentristische Engführungen einhergehen. Didaktisch werden vor allem die Fallrekonstruktionen im dritten Kapitel und die Fallbeispiele die theoretischen Konstrukte veranschaulichen. Weitere didaktische Elemente wie Exkurse, Zusammenfassungen oder Fragen am Ende der Kapitel sollen zum Verständnis des vielschichtigen Jugendbegriffs beitragen.

1.2 Zur Vielschichtigkeit des Begriffs Jugend

Alltagsperspektiven auf Jugend(en)

„Das Sittenverderben unserer heutigen Jugend ist so groß, dass ich es unmöglich länger bei derselben aushalten kann. Ja, oft geschieht es, dass die nicht in Schranken gehaltene oder nicht gebührend ausgetriebene Zuchtlosigkeit eines einzigen Jünglings von ungesunder Triebkraft und verdorbenen Auswüchsen auch die übrigen noch frischen und gesunden Pflanzen ansteckt" (ein Schulmeister 18. Jh., zit. n. Gilfert 2024).

„Die Jugend besitzt Flügel, deren Federn die Poesie und deren Nerven die Phantasie sind" (Kahlil Gibran, Dichter, Philosoph und Maler, Anfang des 20. Jahrhunderts).

„Eine Jugendsünde ist, wenn man jung ist und es verpasst" (Erich Maria Remarque, Schriftsteller, Mitte des 20. Jahrhunderts).

1.2 Zur Vielschichtigkeit des Begriffs Jugend

„Fehlende Disziplin, mangelnde Leistungsbereitschaft, geringe Belastbarkeit – die Azubis machen unseren Unternehmen Sorgen" (Hans Heinrich Driftmann, Chef der Deutschen Industrie- und Handelskammer, 2011, zit. n. Gilfert 2024).

„Die Generation Schneeflocke findet Lernen blöd und meint, es reiche ein Blick ins Internet und fertigaus. Wie soll eine Gesellschaft mit solchen Leuten funktionieren?" (Dr. phil. Fiona Waltraud Berle, Life-Coach, 2022) ◄

Jugend ist ein bereits aus dem Alltag sehr vertrautes Thema. Alle Menschen vollziehen diese Alters- und Entwicklungsphase. Aus unseren Lebenswelten kennen wir die damit verbundenen Zuschreibungen und Assoziationen sowohl einer Jugendkritik als auch eines heute stark ausgeprägten Jugendideals. Kritik und Idealisierungen bestehen seit der Entstehung von Jugend. Im öffentlichen Diskurs fungiert sie oftmals in positiver wie auch in negativer Hinsicht als Indikator für gesellschaftliche Entwicklungen und Zustände. Neben der historischen Kontinuität wird in den Zitaten über Jugend dabei ein gleiches Muster der Typisierung und Abgrenzung von Jugendlichen deutlich: Bis heute werden Jugendliche einerseits als deviante, unreife und destruktive Akteure der Welt dargestellt, die von den Normen der Erwachsenen abweichen. Ihnen werden Motivationslosigkeit, Desinteresse und gewaltförmiges Handeln zugeschrieben und der Vorwurf gemacht, dass sie sich sozialen, psychischen und gesundheitlichen Risiken aussetzen. Zusammengenommen stellt dies eine problematisierende Perspektive auf Jugend dar. Auf der anderen Seite werden Jugendliche im öffentlichen Diskurs als hoffnungsvolle, innovative und konstruktive Gestalter*innen der Welt betrachtet, die sozialen und kulturellen Wandel verkörpern und Motor für die Transformation überkommener gesellschaftlicher Werte und Normen sein können (z. B. „Fridays for Future"). Diese „Doppelgestalt" führt bis heute zu einer widersprüchlichen Zuschreibung und Positionierung von Jugend. Sie soll bestehende Wertmuster hinterfragen und in der jugendlichen Teilkultur Neues hervorbringen, zugleich wird die Jugend aufgefordert, die kulturelle Reproduktion nicht zu gefährden und sich gerade nicht abweichend zu verhalten (Helsper et al. 2015, S. 10). Auch die pädagogische Praxis und Arbeit mit Jugendlichen gründet und bezieht sich auf diese zwei Perspektiven: Zum einen existieren soziale Institutionen und werden pädagogische Konzepte zur Hilfe und Unterstützung von Jugendlichen entwickelt, die sogenannte deviante Verhaltensweisen aufweisen (z. B. in der Jugendhilfe). Zum anderen wird in Einrichtungen des Bildungssystems das kulturelle, geistige aber auch ökonomische und moralische Potenzial der Jugend gefördert und genutzt (z. B. in Programmen von „Jugend forscht, musiziert oder trainiert"). In beiden Perspektiven wird Jugend zu einer zentralen Bezugsgröße für pädagogisches Handeln.

Zur Geschichte des Jugendbegriffs

Der Begriff selbst ist – historisch betrachtet – noch relativ jung und auf Engste in gesellschaftliche Modernisierungsprozesse im Kontext der Industrialisierung, Urbanisierung und damit auch der Einführung eines öffentlichen Bildungssystems einzubetten. Ende des 19. Jahrhunderts wird der Jugendbegriff erstmals gesellschaftlich verwendet, um vor allem von Verwahrlosung und Kriminalität bedrohte und gefährdete Jungen aus der Arbeiterklasse zu bezeichnen. „Die Durchsetzung eines normativen pädagogischen Jugendmodells für alle (…) hat viel mit dem Siegeszug des Bildungswesens und der sozialen Kontrolle der Jüngeren als ‚dangerous class' zu tun" (Zinnecker 2000, S. 41). Anfang des 20. Jahrhunderts etablierte sich dabei der Begriff unter Pädagog*innen (Lehrer*innen, Sozialarbeiter*innen) und löste das bis dahin bevorzugte, bürgerlich-christlich orientierte Jünglingskonzept ab (Ferchhoff 2011, S. 311). Es entstand die pädagogische Jugendkunde als Vorläuferin der heute sozialwissenschaftlich ausgerichteten Jugendforschung. Ausgehend einer praktischen „Erziehungsbedürftigkeit und -fähigkeit des Jugendlichen" hatte sie das Ziel, biologische Prozesse sowie individuelle und soziale Entwicklungen in dieser Phase systematisch und methodisch kontrollierter zu erforschen, um dieses Wissen in der pädagogischen Praxis anzuwenden und jugendliches Verhalten besser zu verstehen (Andresen 2005, S. 60 f.).

Die ersten Überlegungen machen bereits deutlich, dass Jugend in modernen Gesellschaften sowohl eine Lebens- und Entwicklungsphase als auch eine gesellschaftliche Teilgruppe darstellt. Diese grundlegende Differenzierung ist nun auch für den theoretischen Diskurs kennzeichnend. In entwicklungspsychologischen Theorien wird etwa davon ausgegangen, dass Jugend eine Phase individueller, dynamischer und potenziell krisenhafter Selbstentwicklungsprozesse darstellt, die der subjektiven Bearbeitung und Bewältigung bedürfen (Fend 2003, S. 33 ff.). Eine soziologische Betrachtung begreift Jugend hingegen als ein „gesellschaftliches Phänomen" und „eine bestimmte gesellschaftliche Form, das Heranwachsen zu strukturieren und zu organisieren" (Scherr 2016, S. 147). Sowohl die Bestimmung einer individuellen Entwicklungsphase als auch die Form des vergesellschafteten Heranwachsens können auf die beiden Perspektivenpole einer riskanten und bedrohlichen Jugend auf der einen und der Jugend als Hoffnungsträger einer gesellschaftlichen Erneuerung auf der anderen Seite bezogen werden.

Im Zusammenhang mit der lebensalterbezogenen Ausdehnung nach vorn und nach hinten und einer damit einhergehenden Entgrenzung strukturieren sich im Zuge sozialer Wandlungsprozesse die Lebensphasen neu, wie in der folgenden Abb. 1.1 deutlich wird:

Anfang und Ende von Jugend als eine Entwicklungs- und Übergangsphase sind anhand von Lebensaltern nicht mehr klar festzulegen und zu definieren. Die Abgrenzungen von Jugend zu den Lebensphasen Kindheit und Erwachsenenalter verschwimmen zunehmend, sodass infolge dieser Entstrukturierung Gegenstandsbestimmungen zum Jugendbegriff unscharf geworden sind (Münchmeier 1998,

1.2 Zur Vielschichtigkeit des Begriffs Jugend

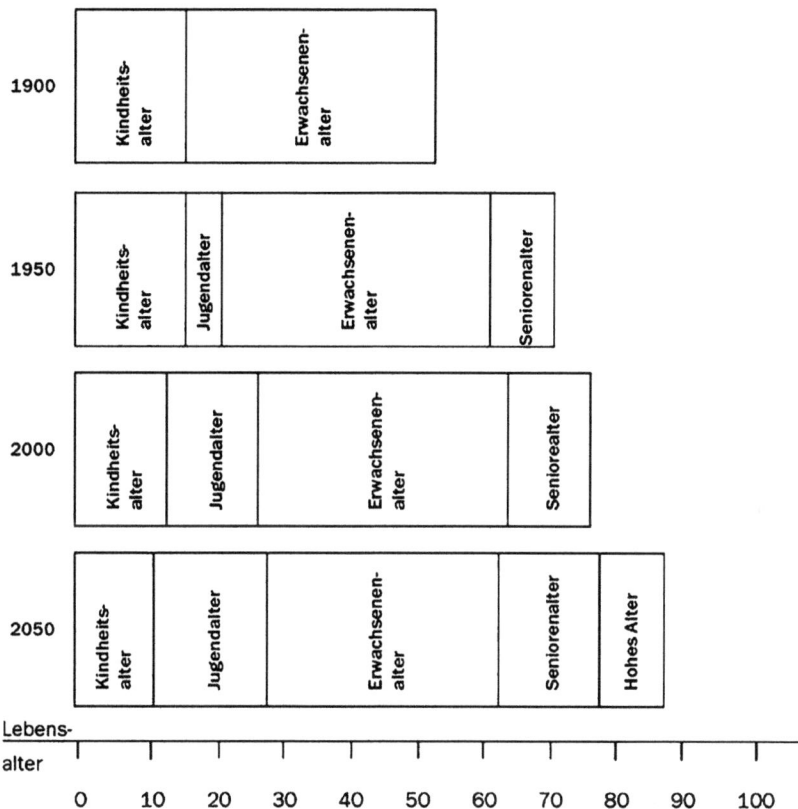

Abb. 1.1 Historische Neustrukturierungen der Lebensphasen. (Hurrelmann und Quenzel 2022, S. 16)

S. 103; Ferchhoff und Dewe 2016). Allein darin wird deutlich, wie der interdisziplinär bearbeitete Jugendbegriff historischen, kulturellen und gesellschaftlichen Transformationsprozessen unterliegt. Eine eindeutige wissenschaftliche Bestimmung wird schwieriger. Es stellt sich die Frage und Herausforderung, was mit Jugend eigentlich bezeichnet und betrachtet werden soll. Vor diesem Hintergrund kritisiert Merkens (2008, S. 349), dass die Jugendforschung nach wie vor „auf der Suche nach dem Gegenstand" sei. Im Anschluss an seine Systematisierung wird im Folgenden differenzierter geklärt, was wissenschaftlich unter dem Begriff Jugend verstanden und mit ihm in den Blick genommen werden kann.

1.3 Jugend als eine Übergangsphase der individuellen Entwicklung und sozialen Integration in der Biografie

Die „Jugend als Übergangsphase in der Biographie" zu begreifen (Merkens 2008, S. 350), schließt an Schelskys (1957) Überlegungen an, sie als eine spannungsreiche Etappe zwischen der Kindheit und dem Erwachsenenalter zu verorten. In der Biografie von Heranwachsenden stellt sie eine „Zwischenlagerung" (Bohnsack 2006, S. 112) dar, da die Heranwachsenden aufgrund der biologischen, sozialen, moralischen und psychischen Entwicklungen nicht mehr Kinder sind, aber auch noch nicht die Rechte, Qualifikationen und Fähigkeiten besitzen, um als Erwachsener gelten zu können. Die psychosozialen Entwicklungsfortschritte führen in dieser Phase typischerweise dazu, sich in der Gegenwart gegenüber Vergangenem und Zukünftigem zu positionieren bzw. positionieren zu müssen. So kommt es in der Jugendphase in der Verabschiedung von der Kindheit und des Kindseins sowie in der Ablösung von den Orientierungen der Eltern zu einer Neuordnung und Neuinterpretation der Biografie. In dieser Dezentrierung und Neukonstruktion der Selbst- und Weltbilder wird ein Perspektivenwechsel vollzogen, der Möglichkeitsräume der Entwicklung und der Entstehung des Neuen in der Adoleszenz bereitstellt und gewissermaßen als eine zweite soziale Geburt zu verstehen ist (King 2013, S. 129f.; vgl. auch Abschn. 4.2). Entscheidend ist dabei nicht, wie die früheren Beziehungs- und Kommunikationserfahrungen tatsächlich waren, sondern in ihrer diskursiven Verarbeitung als narrative Kohärenz neue Erfahrungsqualitäten ermöglichen (King 2013, S. 130). Jugendliche müssen nicht nur ihre Vergangenheit neu einordnen, sie müssen auch wichtige Entscheidungen für ihre Zukunft in Partnerschafts- und Familienfragen, in der Leistungs- und Berufskarriere und hinsichtlich ihres Engagements für das Gemeinwohl treffen. Oevermann (2004) bezeichnet die Jugend deswegen als eine Phase der Bewährung, da jeder Jugendliche in unserer Kultur gegenüber diesen drei Feldern Positionen finden und diese ersten „echten" Entscheidungen im Leben mit Sinn füllen muss. Jugendliche können hier nicht auf Routinen und bewährte Lösungen setzen. So entsteht bezüglich dieser Fragen ein Entscheidungszwang bei gleichzeitiger Verpflichtung die Entscheidungen für sich und andere begründen zu müssen (z. B. die Entscheidung für oder gegen ein Beruf bzw. ein Studium). Man könnte deswegen auch von der Jugend als eine Phase von Bewährungskrisen sprechen, die erst beendet sind, „wenn der Adoleszente sich grundsätzlich dem Problem der Bewährung gestellt und es sich zu eigen gemacht hat" (Oevermann 2009, S. 40). Jugend kann damit aber auch als eine Übergangsphase betrachtet werden, in der sich Menschen auf die spätere eigenständige Lebensführung vorbereiten bzw. in der sie darauf vorbereitet werden. Lange Zeit wurden diese Anforderungen auf dem Weg zum Erwachsenen im Modell der zu bewältigende Entwicklungsaufgaben in der Jugendphase gefasst.

Entwicklungsaufgaben in der Jugendphase
Insbesondere die Entwicklungspsychologie beschäftigt(e) sich mit stufenförmigen Entwicklungsmodellen, die Erwartungen an die Entwicklung von Kindern und Jugendliche in bestimmten Altersphasen formulieren. Pädagog*innen orientieren sich in ihrer Arbeit bis heute an diesen Stufenkonzepten der Entwicklung, die ihre Entsprechung bspw. in den nach Lebensalter geordneten Stufen im Schulsystem finden. Für die Jugendphase lag der Fokus lange Zeit auf dem Modell der Entwicklungsaufgaben im Jugendalter nach Robert J. Havighurst (1948/1976), das gesellschaftlich an Jugendliche formulierte normative Erwartungen – und nicht etwa aus der psychosexuellen Entwicklung resultierende Dynamiken – beschreibt (Scherr 2016, S. 151). Havighurst entwickelte sein Konzept primär als pädagogische Hilfestellung für Lehrpersonen, um sie für sog. „teachable moments" zu sensibilisieren. Damit sind Zeitpunkte gemeint, zu denen Jugendliche – kulturell und sozialhistorisch variierend – mit bestimmten alterstypischen Lernaufgaben und -prozessen konfrontiert werden können und deren Bewältigung zu einem nachhaltigen Kompetenzbewusstsein bei späteren Herausforderungen führt. Havinghurst, der die Entwicklungsaufgaben für die gesamte Lebensspanne formulierte, sprach für die Jugend von einer „Verdichtung" von Entwicklungsaufgaben, die Hurrelmann und Bauer (2018, S. 108) in vier Cluster des Qualifizierens, Bindens, Konsumierens und Partizipierens unterscheiden.

Die zentralen Entwicklungsaufgaben zielen sowohl auf die Identitätsbildung als auch auf die gesellschaftliche Integration ab. Die Entwicklung der intellektuellen und sozialen Kompetenzen, der Körper- und Geschlechtsidentität sowie eines individuellen Werte- und Normensystems dient der „persönlichen Individuation"; für die Ermöglichung sozialer Integration sind demnach Kompetenzen zum Erwerb familialer, beruflicher, politischer und wirtschaftlicher Rollen auszubilden (Hurrelmann und Quenzel 2022, S. 25 ff.). Angesichts eines kontinuierlichen gesellschaftlichen Wandels sowie unterschiedlicher Entwicklungswege und -kontexte des Einzelnen ist das Konzept aber immer nur als eine Folie zu betrachten, die beständig zu reformulieren und fallbezogen zu diskutieren und zu modifizieren ist. Harring und Schenk 2018 (S. 121 f.). nennen bspw. die Anforderungen der Interaktion in der globalen Welt, die asynchrone Ablösung vom Elternhaus oder die Entgrenzung einzelner Lebensbereiche (z. B. durch Medien, Ganztagsschule) als neue Entwicklungsaufgaben im Jugendalter. Kritisiert wird an diesem Konzept, dass es durch die Orientierung an die jeweiligen gesellschaftlichen Entwicklungsanforderungen „normativ", „theoriearm" sowie „zeit- und kontextgebunden" ist (Bauer 2023, S. 135).

Ursprünglich ist die Herausbildung einer eigenständigen Jugendphase in modernen Gesellschaften – im Gegensatz zu Gesellschaften, in denen mit der biologischen Reife der initiale und rituelle Übertritt in das Erwachsenenalter erfolgt – mit der Einführung der Schulpflicht und einer verlängerten Schulzeit im 20. Jahrhundert verknüpft. Jugend wird damit zu einer gesellschaftlich institutionalisierten Lebensphase, in der – auch gegenüber Lebensformen in vormodernen Gesellschaften – Heranwachsende frei von Arbeitszwängen ihre Persönlichkeit entwickeln können und Zeit zur Entfaltung zur Verfügung gestellt wird. Die soziale Integration in die moderne Gesellschaft erfolgt in einer geschützten Lebensphase zwischen Kindheit und Erwachsenenalter. Weil in der zweiten Hälfte des 20. Jahrhunderts dies zeitlich immer ausgedehnter und über die Institutionen hinaus möglich wurde, spricht Zinnecker (1991) von einem jugendlichen Bildungsmoratorium (vgl. Abschn. 1.7). In den letzten Jahrzehnten entkoppelt sich so die Jugend- immer mehr von der Schulzeit, sodass Abgrenzungen diffuser werden und die Betrachtung der Jugend als eine eigenständige Lebens- und Übergangsphase angesichts einer sogenannten Entstrukturierung hinterfragt wird. Vor diesem Hintergrund orientiert man sich an Hilfskonzepten und versucht Jugend entlang von rechtlichen und sozialen Vorgaben (z. B. an Altersnormen geknüpfte Mündigkeiten) zu bestimmen (Hoffmann und Mansel 2010, S. 164).

1.4 Jugend als Raum gemeinschaftsstiftender Erfahrungen und kultureller Praktiken

Für Jugend sind zweitens die geteilten Erfahrungen und kulturellen Praktiken kennzeichnend, die nach innen gemeinschafts- und sinnstiftende und nach außen abgrenzende Funktionen aufweisen. Gewissermaßen hat diese Differenzziehung dabei zwei Bezugspunkte: Jugendliche lösen sich nicht nur mit ihren spezifischen Stilen, Symboliken und Ausdrucksformen (z. B. Sprache, Musik, Kleidung) gegenüber Lebensvorstellungen der Erwachsenenwelt ab, sie sagen sich so auch in der Gruppe ihrer gleichaltrigen Peers von ihrer Kindheit und kindlichen Ansichten los. Aufgrund dieses Selbstbezugs bestimmt Merkens (2008, S. 351) „Jugend als Gestaltungsraum eigener Art". Über die Entwicklung einer gemeinsamen Sprache, eines verbindenden ästhetischen Stils (Mode, Musik etc.) und geteilter Werte sowie Erfahrungen bilden Jugendliche ein sinnstiftendes Solidaritäts- und Zugehörigkeitsgefühl aus.

Im Anschluss an Mannheim (1964) ist insofern davon auszugehen, dass Jugendgenerationen nicht nur über die gemeinsamen Geburtsjahrgänge, sondern über die prägenden aber implizit bleibenden gemeinsamen Erlebnisse und Praktiken im jeweiligen historischen Kontext gebildet werden. Diese können sich wiederum in unterschiedlichen jugendlichen Wissens- und Ausdrucksformen dokumentieren. Während er die Geburt „im selben historisch-sozialen Raume – in derselben historischen Lebensgemeinschaft" mit dem Oberbegriff „Generationslagerung" bezeichnet, stehen die Mitglieder einer Generation in einem „Generationszusammenhang" durch die „Partizipation an den gemeinsamen Schicksalen" und der damit entstehenden geistigen Strömung der Zeit in einer, wenngleich nicht unbedingt räumlichen, engeren Verbindung zueinander (Mannheim 1964, S. 542 f.). Im Anschluss daran spricht Fend (1996, S. 178–179) von „Generationsgestalten", die aufgrund der „dominanten Kulturgenese" und „gesellschaftlichen Entwicklungen" einen „inneren Zusammenhang" bzw. ein „Relationsgefüge" unterschiedlicher „Meinungsmuster" und „Formen der Lebensführung" in einer „besonders kritischen Phase für den Aufbau von Verarbeitungskategorien in Bezug auf die jeweilige historische Realität" zum Ausdruck bringen.

In der zeitgeschichtlichen Gegenüberstellung werden so unterschiedliche Jugendkulturen unterschieden. „Klassische" Jugendsubkulturen (z. B. Rocker, Hippies, Punks, Gothics, Hip-Hopper) werden (noch) als Ausdruck des manifesten Protests und der bewussten Provokation gegen die Eltern und deren Weltbilder, Erziehungsstile und Lebensorientierungen gedeutet (z. B. Clarke 1981). Bereits Parsons (1965) betrachtete aus strukturfunktionalistischer Sicht die Funktion von Jugend im Zuge der sozialen Ausdifferenzierung der Gesellschaft darin, dass diese gemeinschaftlich bestehende Werte- und Handlungsmuster der Erwachsenengeneration hinterfragen und dagegen aufbegehren. Jugendliche können, um das gesellschaftliche Normensystem zu verinnerlichen und zu Motiven des eigenen Handelns zu machen, nicht anders, als sich der Kontrolle der Erwachsenen zu entziehen. Er vertrat die These, dass zur Stabilisierung der Gesellschaft, Jugendliche von den Normen der Erwachsenen abweichen müssen, wenngleich er die amerikanische Jugend insgesamt zu diesem Zeitpunkt gegenüber Vorgängergenerationen bereits besser in die Kultur integriert sah.

In den letzten Jahrzehnten haben sich nicht nur die jugendkulturellen Abgrenzungsformen zu den Eltern verändert, auch die Unterscheidung zu anderen Gruppen ist deutlich schwieriger geworden. Vor diesem Hintergrund ist eine Bestimmung homogener Jugendkulturen empirisch nicht mehr sinnvoll:

> „Im Zuge der insgesamt in vielen – übrigens nicht in allen – informellen Jugendgruppierungen und Jugendkulturen zu beobachtenden Prozesse der Funktionsdifferenzierung, der Deinstitutionalisierung, der Entgrenzung, Enttraditionalisierung, Entritualisierung und der Individualisierung haben Stilmixvarianten und Paradoxien in Mode, Medien, Musik und auch in digitalisierten und realen Selbstinszenierungen sowie in verschiedenen habituellen Praxen Konjunktur" (Ferchhoff und Dewe 2016, S. 34).

Auch in den regelmäßig durchgeführten Jugendstudien werden die Einstellungen und kollektiven Handlungsmuster der Vergemeinschaftung und expliziten Abgrenzung von erwachsenen Vorstellungen untersucht. Die Studienergebnisse der letzten Jahre deuten darauf hin, dass für Jugendliche eine starke Abwendung und Abkehr von den Erwachsenen nicht mehr so wichtig ist und sie sich verstärkt an den elterlichen Denkgewohnheiten und Wertmustern orientieren und mit diesen bspw. in Erziehungsfragen übereinstimmen (Albert et al. 2015; Calmbach et al. 2024).

Jugendkulturen
In der Erziehungswissenschaft wird das Konstrukt einer homogenen Jugendkultur immer mehr aufgegeben (Münchmeier 1998, S. 103; Scherr 2016, S. 147). Im Zuge gesellschaftlicher Modernisierung findet ein Wandel „von den sozial-milieuspezifischen Jugendsubkulturen zu den posttraditionalen, eher individualitätsbezogenen Jugendkulturen und Jugendszenen" statt (Ferchhoff 2011, S. 204). „Szenendifferenzierung" und „eine kaum mehr überschaubare Pluralität und Zersplitterung von unterschiedlichen jugendlichen Verhaltensweisen, Orientierungen, Haltungen, Lebensstilen sowie inhomogenen jugendkulturellen Einstellungen, Ausfächerungen und Stilisierungen" (ebd., S. 193) stellen eine klare Bestimmung und Abgrenzung des Begriffs in Frage. Angesichts dieser Vielfalt wird diskutiert, welche Erklärungs- und Erkenntniskraft Jugendkulturforschung überhaupt noch aufweisen kann (Münchmeier 1998). Unstrittig ist dabei, dass Untersuchungen zu Jugendkulturen die aktuellen historischen und kulturellen Kontexte berücksichtigen müssen und Jugendkulturen ein Ausdruck dieser spezifischen Situationen sind, sodass es „historische Situationen und soziale Kontexte geben [kann], in denen die manifeste Abgrenzung deutlicher im Vordergrund steht als in anderen" (King 2013, S. 124).

Jugendliche erzeugen vor dem Hintergrund sozialhistorischer Entwicklungen in den Formen ihrer Vergemeinschaftung eben neue – wenn auch nicht immer die sozial erwarteten und gewünschten – Entwürfe von sich selbst und der Welt. Unter den gleichaltrigen Peers können in der Jugendphase als einem potenziell krisenhaften Moratorium verschiedene Lebensformen und -stile im Sinne eines informellen Lernens erprobt und weiterentwickelt werden. Es werden in dieser Phase unter bestimmten Bedingungen Bildungsprozesse angestoßen, weil sich Welt- und Selbstverhältnisse modifizieren und transformieren (müssen).

1.5 Jugend als gesellschaftliche Zuschreibung und Typisierung

Während Betrachtungen der jugendlichen Praktiken und Ausdrucksformen auf eine Binnenperspektive abzielen, geht ein dritter Gegenstandsbereich der Frage nach, wie Jugend und Jugendphasen von außen adressiert und gedeutet werden. Diese Idee von „Jugend als zugeschriebene Gestalt" (Merkens 2008, S. 352) trägt der Überlegung Rechnung, dass Jugendlichen explizite wie implizite Absichten (z. B. des Protests, der Opposition usw.) zugeschrieben werden. Jugend wird folglich

1.5 Jugend als gesellschaftliche Zuschreibung und Typisierung

in generationalen Aushandlungen und (Ein-)Ordnungen (Ecarius 2012) hervorgebracht (vgl. Abschn. 4.1). Darin dokumentieren sich einerseits an sie gerichtete Erwartungen, anderseits kommt damit eine „Fremdheit zwischen den Generationen" zum Ausdruck (Wimmer 1998, S. 81). Diese Zuschreibungen und Typisierungen sind gewissermaßen Produkt des Generationsproblems und der Frage, wie kulturelle Werte und Normen sowohl tradiert als auch erneuert werden können. Die Ambivalenz zwischen den Generationen erzeugt Komplexität und Kontingenz in den pädagogischen Beziehungen (Lüscher 2005). Typsierungen als Labels und Abkürzungen der Erwachsenen haben so die Funktion, die Ambivalenzen zu minimieren und die Generationsdifferenz aufrechtzuerhalten.

In der Wissenschaft gab es – wie oben beschrieben – eine gewisse Tradition der Jugend(sub)kulturforschung, welche die kulturellen Erscheinungs- und Wandlungsformen von Jugendkulturen und -szenen beobachtete und deutete, um daraus relevante Prognosen und Implikationen für jugendspezifische und gesamtgesellschaftliche Entwicklungen gewinnen zu können. Bis heute werden solche Labels im Zuge großer Jugendstudien (z. B. der Shell-Studien) vergeben. Kritisch wird angemerkt, dass damit inflationäre und verabsolutierende Bilder und Konstruktionen über Jugend hervorgebracht werden, die weniger eine differenzierte Beschreibung realer Verhältnisse seien als vielmehr die Logik der Sichtbarkeit der Untersuchungen selbst folgen (Mey 2018, S. 279). Generationale (z. B. Generation X, Y und Z usw.) und lebenszeitliche (z. B. die 13–18-Jährigen) Labels und Etiketten von Jugend sind die Folge. Diese Attribuierungen sind nicht selten von öffentlichen Diskursen geleitet. Auch in der Wissenschaft entstehen Bilder und Vorstellungen über Jugendliche. Wie bereits angedeutet, wurde ebenfalls in der Entwicklungspsychologie Jugend lange Zeit als ein klar definiertes Entwicklungsstadium mit festgelegten Altersgrenzen und zu erreichenden Zuständen beschrieben.

Die Perspektive von Jugend als eine gesellschaftlich zugeschriebene Gestalt ist ebenfalls anschlussfähig an Subjektivierungstheorien. Diese gehen davon aus, dass Jugend von jeweils kulturell und historisch bedingten Machtverhältnissen (z. B. zu den Erwachsenen) hervorgebracht wurde bzw. wird. Das, was als Jugend verstanden wird, ist folglich immer schon da. Mit ihr geht eine bestimmte Subjektform einher, die als je aktuelle und relevante gesellschaftliche Anrufung verstanden wird. Derzeit gibt es im Anschluss an Foucault einen Diskurs darüber, dass Jugendliche heutzutage zwar nicht mehr einer expliziten Fremdkontrolle (z. B. autoritäre Erziehung) ausgesetzt sind. Dieser Prozess aber nicht dazu führte, dass sie völlig autonom und emanzipiert leben, sondern die heteronomen Mächte mittlerweile als Selbstkontrolle und Selbstregierung bspw. im Sinne eines unternehmerischen Selbst wirken (Bröckling 2007). Positiv konnotierte und mit Jugend assoziierte

Fähigkeiten wie Flexibilität, Mobilität und Kreativität werden zu einem Selbstzwang. Die Zuschreibungen erfolgen nicht mehr allein explizit und werden zunehmend subtiler in alltäglichen Interaktionen und Diskursen vermittelt.

1.6 Jugend und Jugendlichkeit als Lebensstil, Norm und gesellschaftliches Leitbild

Jenseits der ersten drei Bestimmungen zu Jugend als eine zeitlich befristete Phase der individuellen und kollektiven Veränderungen zwischen Kindheit und Erwachsenenalter wird schließlich, insbesondere in den letzten Jahrzehnten, Jugend als gesellschaftliches Leitbild gefasst. Im Sinne eines anzustrebenden und erwünschten Dauerzustands wird der Jugendbegriff als „altersunabhängiger Grundhabitus" und „gesellschaftliches Attribut" verwendet (Merkens 2008, S. 353). Mit der Orientierung an Jugend und Jugendlichkeit wird ein universelles Endlichkeitsproblem der Moderne bearbeitet. Oevermann (1995) verweist in diesem Zusammenhang auf ein Sinn- und Identitätsproblem des modernen Subjekts. Die lange Zeit in Form der jenseitigen Erlösungshoffnung ethisch-religiös beantwortete Frage nach einem sinnerfüllten Leben geht in der modernen Gesellschaft in der Berufung auf einen Dauerzustand des leistungs- und arbeitsfähigen jugendlichen Menschen auf. In dieser strukturellen Betrachtung stellt Jugend die Sinnquelle für Selbstverwirklichung in der säkularisierten und rationalisierten Welt dar.

„Jugendliche Leitbilder strahlen – sicherlich durch den heutigen gesellschaftlich vermittelten Jugendkult unterstützt, was jugendlichen Lebensstil und jugendliches Aussehen angeht – mittlerweile als Placeboeffekte in alle Altersklassen hinein. Viele Erwachsene mit den positiven konnotierten Eigenschaften der Jugendlichkeit fühlen und empfinden sich paradoxerweise als die eigentlichen, ewigen Jugendlichen" (Ferchhoff und Dewe 2016, S. 44).

Es kommt folglich zu einer Entkoppelung von Jugend- und Altersstatus. Erwachsene bedienen sich an den ehemals jugendlichen Ausdrucksformen (z. B. in der Mode) und Praktiken (z. B. im Sport). Dies führt – unterstützt vor allem durch wirtschaftliche Interessen und mediale Darstellungen – zu einer (kulturindustriellen) Enteignung jugendlicher Ausdrucksformen durch Erwachsene. Mit Jugendlichkeit werden gesellschaftlich positiv besetzte Eigenschaften und Merkmale wie dauerhafte Leistungsbereitschaft und -fähigkeit, Körper- und Schönheitsideale und Unvergänglichkeit verbunden. Diese Normierungen und die Anstrengungen, dem Jugendideal zu entsprechen, beinhalten Selbstoptimierungszwänge des Subjekts und Spannungen zwischen den und innerhalb der Generationen.

Auf der Handlungsebene ist demnach eine „Nivellierung der Generationsunterschiede oder sogar der Umkehrung des Generationengefälles" in einer „retroaktiven oder beiderseitigen Sozialisation" zu beobachten (ebd., S. 47). Darüber hinaus werden Jugendlichkeit und jugendliche Ideale als permanente Entstehung des Neuen zunehmend generalisierend medial und marktförmig hervorgebracht (Helsper 2012, S. 82). Gesellschaftstheoretische Überlegungen gehen inzwischen von einer „Verjugendlichung der Gesellschaft" aus (Ferchhoff und Dewe 2016, S. 40). Klare Begriffsbestimmungen von Jugend und Jugendkulturen in Abgrenzung zur Erwachsenenwelt werden zunehmend schwieriger oder sind ganz infrage gestellt. Jugendlichkeit stellt zwar ein Orientierungs- und Handlungsmuster von Erwachsenen dar, in der Beziehung und Interaktion ist – strukturell betrachtet – aber eine Generationsdifferenz zwischen Eltern und ihren jugendlichen Kindern nach wie vor konstitutiv, sodass „lediglich" von gewandelten Generationsordnungen auszugehen ist (Ecarius 2012, S. 31).

1.7 Jugend als historisch und kulturell hervorgebrachte Form

Obwohl sich die am Kapitelanfang zitierten Zuschreibungen und Typisierungen von Jugend seit Generationen stabil halten, unterliegt das, was wir unter Jugend verstehen, auch historischen und kulturellen Wandlungsprozessen. Unser Verständnis von Jugend ist auf engste mit der gesellschaftlichen Entwicklung verwoben. So prägten frühe aufklärerische Vorstellungen Rousseaus von „Jugend als Moratorium, als pädagogische Provinz und als gesellschaftlicher Wert (…) die Stilisierung des Leitbildes des ‚Jünglings' im 18. und frühen 19. Jahrhundert" (Dudek 2022, S. 6). Allerdings waren diese für die erziehungswissenschaftliche Reflexion noch nicht entscheidend und entsprangen aus lebensweltlichen Zusammenhängen. „Ein einheitliches soziokulturelles Konzept für die Jungfrauen und Jünglinge, die Mägde und Knechte, die Lehrlinge, Gesellen, die ‚Jungen Herren', die Gymnasiasten und Volksschüler*innen kannte man deshalb bis zum Beginn des 20. Jahrhunderts noch nicht" (ebd., S. 4). Jugend als ein noch relativ junges Phänomen hat dabei Entwicklungen vollzogen, die wiederum die unterschiedlichen Perspektiven auf sie berühren und hier nur ansatzweise umrissen werden können.

Die bereits skizzierten Bilder über Jugend als Aufbruch und der Gegenstandbereich der Jugend als Raum gemeinschaftsstiftender Erfahrungen und kultureller Praktiken (Abschn. 1.2) haben *erstens* ihre Ursprünge in der Wandervogelbewegung als erste „echte" *Jugendbewegung*: In dieser eigenständigen und selbstorganisierten Gruppe junger Menschen, überwiegend männliche bürgerliche

Abb. 1.2 Evangelische Jugendbewegung Anfang der 1920er-Jahren. (Copyright: Hans-Michael Tappen unter: https://www.flickr.com/photos/hansmichaeltappen/31223262817)

Gymnasiasten und junge Studenten, distanzierte man sich von den Zwängen und Normen einer – von Erwachsenen repräsentierten – industriellen Gesellschaft bereits vor dem ersten Weltkrieg mit der Vereinsgründung 1901, indem man gemeinsam wandern, singen und musizieren ging und somit gemeinschaftliche Erfahrungs- und Lebensformen in der Natur etablierte. In den 1920er-Jahren entstanden dann weitere Gruppen in kirchlichen und gewerkschaftlichen Kontexten, wie das Fallbeispiel der evangelischen Jugendbewegung zeigt Abb. 1.2.

Bekannt wurden vor allem die nach dem ersten Weltkrieg entstandenen neuen Jugendbünde, wie z. B. die Arbeiterjugend und verschiedene Pfadfinderbewegungen. Den Jugendbünden ging es weniger um eine Kritik an der Erwachsenenwelt als vielmehr um eine Anerkennung ihrer Lebensweisen als junge Erwachsene. Insgesamt setzte mit diesen Bewegungen ein theoretisches Verständnis von Jugend als Freiraum ein (Hummrich 2022). Dieses Konstrukt fand nach dem zweiten Weltkrieg weitere empirische Belege: Neben einer Ausdifferenzierung der Jugendbünde entstanden zahlreiche jugendkulturelle Strömungen bspw. die sog. „Halbstarken" oder die „Rocker". Ging man damals noch von einer recht homogenen und gegenüber der Erwachsenengesellschaft oppositionellen Jugendkultur aus, wird ab den 1980er-Jahren das Konstrukt Jugend zugunsten heterogener Vorstellungen von Jugenden im Plural aufgegeben (Münchmeier 1998, S. 103; Scherr 2016, S. 147).

1.7 Jugend als historisch und kulturell hervorgebrachte Form

Im Zuge der Entdeckung von Jugendbewegungen und eines Jugendbewusstseins rückte Jugend im Zuge der sozialen Ausdifferenzierung der industriellen Gesellschaft *zweitens* als *Ausdruck und Spiegel sozialer Problemlagen* in den Blick. Als Reaktion auf Phänomene wie massenhafte Jugendarbeitslosigkeit versammelten sich zum Teil aggressive, gewaltbereite und gegen die bürgerliche Ordnung rebellierende Jugendgruppen. Um sich von deren Ausdrucks- und Lebensformen zu distanzieren, entwickelten sich in der älteren Generation in diesem Zusammenhang gesellschaftliche Zuschreibungen und Typisierungen von Jugend (vgl. Abschn. 1.5), die wir bis heute in den Diskursen über Jugendliche wiederfinden. Es entstand das Bild des von devianten Verhalten bedrohten, vor allem männlichen, Arbeiterjugendlichen. „Mit diesem Bild des unkontrollierten proletarischen Jugendlichen und jungen Erwachsenen, der nicht allein, sondern stets in einer Gruppe Gleichaltriger agierte, wurde zum einen die Gefahr der Kriminalisierung der Jugend in der Großstadt und damit die Unsicherheit bürgerlichen Lebens thematisiert, zum anderen aber kam die Gefahr durch das Protest- und Umsturzpotential der Arbeiterschaft zu Sprache" (Andresen 2005, S. 42).

Für eine erziehungswissenschaftliche Jugendforschung und insbesondere für die Perspektive der Jugend als Übergangsphase in der Biografie (vgl. Abschn. 1.3) hat des Weiteren *drittens* die Entstehung eines *pädagogischen Moratoriums* als Orientierung für das Aufwachsen von Jugendlichen Bedeutung. Jugendliche werden in diesem Moratorium an gesellschaftliche Verantwortung und Mündigkeit in dafür funktional ausdifferenzierten Erziehungs- und Bildungsräumen und vorgesehenen zeitliche Strukturen herangeführt. „Kindheit und Jugend signalisieren spätestens seit dem 18. Jahrhundert ein anspruchsvolles pädagogisches Programm mit starken normativen Setzungen" (Zinnecker 2000, S. 36 f.). Das pädagogische Moratorium umfasst so einen „relativ eigenständigen Lebensabschnitt, in dessen Rahmen sich spezifische soziale Lebensweisen, kulturelle Formen und politisch-gesellschaftliche Orientierungsmuster ausbilden" können (Zinnecker 1991, S. 10). Folglich werden die Heranwachsenden von gesellschaftlichen Aufgaben entlastet (Schutz- und Schonaspekt). Das pädagogische Moratorium geht einher mit einem soziokulturellen und psychosozialen Moratorium von Jugend, das für die Bildung von Jugendkulturen und die Identitätsentwicklung von Bedeutung ist (Zinnecker 2000, S. 38 ff). „Mit dem Begriff des pädagogischen Moratoriums ist, grob gesagt, eine spezifische lebensgeschichtliche „Auszeit" für die Jüngeren angesprochen, sichtbar gemacht in ausgewiesenen Zeiten, Räumen, Statuspositionen und Diskursen, die einen Rückzug auf Zeit aus bestimmten Verpflichtungen und Teilhaben der bürgerlichen Gesellschaft beinhaltet" (ebd., S. 37). Es wird damit eine sozialisatorische Balance zwischen Persönlichkeitsbildung und gesellschaftlicher Integration assoziiert. Damit entsteht ein Spannungsverhältnis zwischen „romantischen" Vorstellungen (z. B. biografischer Eigensinn) und aufklärerischen Modellen

(z. B. Leistungsbereitschaft) von Jugend (Zinnecker 2000, S. 54). Unterschiede im Erleben und Durchlaufen sind abhängig von der Zeitgeschichte und sozialen Dimensionen (z. B. dem Geschlecht, der sozialen Herkunft und der Migrationserfahrung) und können von Ungleichheiten und Benachteiligungen geprägt sein. Eine zentrale Kritik des Konzepts bezieht sich auf die Paradoxien zwischen der immer weiteren Ausdifferenzierung jugendlicher Moratorien bzw. Freiheiten einerseits und der durch gesellschaftliche Erwartungen (z. B. im schulischen Regime) erzeugten Herausforderungen und Zwänge der Bewältigung des pädagogischen Moratoriums andererseits.

Für Bernfeld (1973, S. 231) sind pädagogische Institutionen sowohl Begrenzungs- als auch Ermöglichungsräume gesellschaftlicher und kultureller Positionierungen von Jugendlichen, sodass sich Pädagog*innen wissenschaftlich mit dem Aufwachsen Jugendlicher beschäftigen und Erziehungswissenschaft immer auch Jugendforschung sein muss. Unlängst diskutiert man hier eine Transformation von einem romantisierenden, schützenden Bildungsmoratorium hin zu einem fordernden und selektierenden Leistungsmoratorium, in dem bereits in der Jugendphase gesellschaftliche Statusfragen prägend sind (Harring und Schenk 2018, S. 118).

Schließlich steht *viertens* der Gegenstandsbereich der Jugend und Jugendlichkeit als gesellschaftliches Leitbild (vgl. Abschn. 1.6) in einem Zusammenhang zu den gesellschaftstheoretischen Thesen einer *„Entstrukturierung und Entgrenzung der Jugendphase"* sowie der damit verbundenen und angesprochenen „Verjugendlichung der Gesellschaft". Diese ziehen eine veränderte Sichtweise auf Jugend bzw. Jugenden nach sich, weil zentrale Bestimmungselemente fraglich werden (Ferchhoff und Dewe 2016, S. 40; vgl. auch schon Olk 1985). Im Zuge gesellschaftlicher Modernisierungsprozesse, wie vor allem die Individualisierung der Lebensführung und die Pluralisierung von Lebensformen und Wertmustern, erfährt auch Jugend, beschleunigt seit den 1960er-Jahren, einen Strukturwandel. Dieser meint dabei nicht nur die natürlichen Wandlungsprozesse der Orientierungen und Praktiken der Jugendlichen. Hornstein (1988, S. 71) ging bereits in den 1980er-Jahren soweit, dass durch die historischen Entwicklungen die Kategorie Jugend fragwürdig geworden ist und sich eine homogene Struktur des Jugendalters auflöst. Jugend wird folglich aus der traditionellen Generationsabfolge und den festen Orten und Räumen herausgelöst. „Jedoch zehrt dieser Modernisierungsprozeß gerade jene Strukturen auf, die soziale und gesellschaftliche Voraussetzungen und Bedingungen für das ‚Gelingen' der Jugendphase sind. Im sozialen Wandel werden die Grundlagen und die Zukunftsversprechen, die mit dem Konzept von Jugend verknüpft worden waren, ambivalenter, brüchiger, ungewisser" (Münchmeier 1998, S. 105). Paradoxerweise hat der Prozess einer immer länger andauernden Bildungs- und Orientierungsphase Jugend gleichermaßen dafür geführt, dass der Begriff unscharf geworden ist.

1.7 Jugend als historisch und kulturell hervorgebrachte Form

▶ **Zusammenfassung des Kapitels** Die in diesem Kapitel skizzierten Perspektiven und sozio-kulturellen Entwicklungen machen deutlich, wie wichtig eine wissenschaftliche Differenzierung des Jugendbegriffs ist. Mit der Ausdehnung von Jugend als Lebensabschnitt, universelle Norm und omnipräsenter Lebensstil ist der Begriff nicht obsolet geworden. Die veränderten Lebensbedingungen und die neuen Ausdrucksformen sind vielmehr als eine Transformation zu verstehen (Heinen et al. 2020, S. 11). Über alle Perspektiven hinweg wurde in diesem Kapitel herausgearbeitet, dass im Konstrukt Jugend die individuelle und kollektive Bewältigung von Transformation bzw. Transformationsanforderungen ihren Ausdruck findet. Dabei können sich die Transformationen auf gesellschaftliche, kulturelle als auch individuelle Veränderungen beziehen. Abschließend kann auf der Grundlage der Gegenstandsbereiche und ihrer strukturellen Analogien Jugend folgendermaßen bestimmt werden:

▶ **Jugend** Jugend ist als eine Phase, Form und Norm der individuellen und kollektiven sinnstiftenden Gestaltung und Bewältigung von Transformationen bzw. Transformationsanforderungen im Leben von Menschen zu definieren, die gesellschaftlichen, historischen und kulturellen Zuschreibungs-, Hervorbringungs- und Wandlungsprozessen unterliegt.

Fragen zum Kapitel: Was ist Jugend?

Vergleichen Sie das Bild der evangelischen Jugendbewegung mit dem ca. 100 Jahre später entstandenen Foto des Klimaprotests der Fridays for Future-Bewegung und diskutieren Sie die folgenden Fragen!

1. Wie hat sich den Bildern nach (Abb. 1.2 und 1.3) Jugend bzw. der Jugendprotest verändert? Was ist aber auch stabil geblieben?
2. Welche positiven und negativen Bilder existieren ausgehend von den Fotos Ihrer Meinung nach aktuell über die Jugend(en) in der Gesellschaft und wie haben sich diese transformiert bzw. was hat sich nicht verändert?
3. Welche der in diesem Kapitel erläuterten Perspektiven können in welcher Weise auf die Bilder bezogen werden?
4. Wie haben Sie selbst Ihre Jugendzeit erlebt und wie blicken Sie auf Jugendliche und Jugend(en)?

Abb. 1.3 Großaufnahme der Klimademonstration Fridays for Future. (Copyright: Marco Verch, unter: https://ccnull.de/foto/grossaufnahme-der-menschenmassen-auf-der-klimademonstration-fridays-for-future-in-koeln/1046288)

Literatur

Albert, M., Hurrelmann, K., & Quenzel, G. (2015). Jugend 2015. 17. Shell Jugendstudie. Frankfurt: Fischer Taschenbuch.
Andresen, S. (2005). *Einführung in die Jugendforschung*. Darmstadt: WBG.
Bauer, U. (2023). *Sozialisation in der Kontroverse*. Weinheim, Basel: Beltz Juventa.
Berle, W. (2022). Was rettet uns vor der Generation Schneeflocke. Unter: https://dr-berle.de/was-rettet-uns-vor-der-generation-schneeflocke/ [abgerufen am 03.09.2024].
Bernfeld, S. (1973). Sisyphos oder die Grenzen der Erziehung. Frankfurt a. M.: Suhrkamp.
Bourdieu, P. (1980). „Jugend" ist nur ein Wort. In P. Bourdieu (Hrsg.), *Soziologische Fragen* (S. 136–146). Frankfurt a. M.: Suhrkamp.
Bröckling, U. (2007). *Das unternehmerische Selbst*. Frankfurt a.M.: Suhrkmap.
Calmbach, M., Flaig, B., Gaber, R., Gensheimer, T., Möller-Slawinski, H., Schleer, C., & Wisniewski, N. (2024). *Wie ticken Jugendliche? SINUS-Jugendstudie 2024. Lebenswelten von Jugendlichen im Alter von 14 bis 17 Jahren*. Bundeszentrale für politische Bildung. Bonn.
Clarke, J. (1981). Jugendkultur als Widerstand. Milieus, Rituale und Provokationen. Frankfurt a. M.: Syndikat.
Dudek, P. (2022). Geschichte der Jugend. In H.-H. Krüger, C. Grunert & K. Ludwig (Hrsg.), Handbuch Kindheits- und Jugendforschung (S. 497–519). Wiesbaden: Springer VS.

Literatur

Ecarius, J. (2012). ‚Generationenordnung' der Jugendphase. Zum Wandel von Jugendkonzeptionen und gegenwärtigen Sozialisationskontexten. In J. Ecarius & M. Eulenbach (Hrsg.), *Jugend und Differenz. Aktuelle Debatten der Jugendforschung* (S. 27–50). Wiesbaden: Springer VS.

Ecarius, J., & M. Eulenbach (Hrsg.) (2012). *Jugend und Differenz. Aktuelle Debatten der Jugendforschung.* Wiesbaden: Springer VS.

Fend, H. (1996). *Sozialgeschichte des Aufwachsens. Bedingungen des Aufwachsens und Jugendgestalten im zwanzigsten Jahrhundert.* Frankfurt a.M.: Suhrkmap.

Fend, H. (2003). *Entwicklungspsychologie des Jugendalters.* 3. Auflage. Wiesbaden: Springer VS.

Ferchhoff, W. (2011). *Jugend und Jugendkulturen im 21. Jahrhundert. Lebensformen und Lebensstile* (2. Aufl.). Wiesbaden: Springer VS.

Ferchhoff, W., & Dewe, B. (2016). Prozesse der retoaktiven Erziehung und Sozialisation. In U. Becker, H. Friedrichs, F. von Gross & S. Kaiser (Hrsg.), *Ent-Grenztes Heranwachsen* (S. 31–50). Wiesbaden: Springer VS.

Ferchhoff, W. & Olk, T. (Hrsg.), *Jugend im internationalen Vergleich. Sozialhistorische und soziokulturelle Perspektiven* (S. 70–92). Weinheim, München: Juventa.

Gilfert, A. (2024). *5000 Jahre Kritik an Jugendlichen – Eine sichere Konstante in Gesellschaft und Arbeitswelt.* Unter: https://bildungswissenschaftler.de/5000-jahre-kritik-an-jugendlichen-eine-sichere-konstante-in-der-gesellschaft-und-arbeitswelt/ [abgerufen am 03.09.2024].

Grunert, C., Bock, K., Pfaff, N., & Schröer, W. (Hrsg.) (2020). *Erziehungswissenschaftliche Jugendforschung: Ein Aufbruch.* Wiesbaden: Springer VS.

Grunert, C., Helsper, W., Hummrich, M. & Pfaff, N. (2024a). Editorial – Einführung in das Beiheft Jugend(en). In C. Grunert, W. Helsper, M. Hummrich & N. Pfaff (Hrsg.). Jugend(en). *Beiheft der Zeitschrift für Pädagogik,* 70, (S. 9–14). Weinheim, Basel: Beltz Juventa.

Grunert, C., Helsper, W., Hummrich, M., & Pfaff, N. (2024b). Brauchen wir einen (neuen) Jugendbegriff? Ein bilanzierender Problemaufriss. In C. Grunert, W. Helsper, M. Hummrich & N. Pfaff (Hrsg.). Jugend(en). *Beiheft der Zeitschrift für Pädagogik,* 70, (S. 269–293). Wein-heim, Basel: Beltz Juventa.

Havighurst, R.J. (1948/1976). *Developmental tasks and education.* New York & London: McKay.

Harring, M., & Schenk, D. (2018). Das Konstrukt „Jugend" – eine kritische Betrachtung. In A. Kleeberg-Niepage & S. Rademacher (Hrsg.), *Kindheits- und Jugendforschung in der Kritik* (S. 111–126). Wiesbaden: Springer VS.

Heinen, A., Wiezorek, C., &Willems, H. (2020). Einleitung. In A. Heinen, C. Wiezorek & H. Willems (Hrsg.), *Entgrenzung der Jugend und Verjugendlichung der Gesellschaft. Zur Not-wendigkeit einer „Neuvermessung" jugendtheoretischer Positionen* (S. 7–12). Weinheim & Basel: Beltz Juventa.

Helsper, W. (2012). Jugend in Modernisierungsambivalenzen und die 'Antwort' von Schulkulturen. In J. Ecarius & M. Eulenbach (Hrsg.), *Jugend und Differenz. Aktuelle Debatten der Jugendforschung* (S. 77–106). Wiesbaden: Springer VS.

Helsper, W., Krüger, H.-H., & Sandring, S. (2015). Wandel der Theorie- und Forschungsdiskurse in der Jugendforschung. In S. Sandring, W. Helsper, W. & H.-H. Krüger (Hrsg.), *Jugend: Theoriediskurse und Forschungsfelder* (S. 9–32). Wiesbaden: Springer VS

Hoffmann, D., & Mansel, J. (2010). Jugendsoziologie. In G. Kneer & M. Schroer (Hrsg.), *Handbuch Spezielle Soziologien* (S. 163–178) Wiesbaden: Springer VS.
Hornstein, W. (1988). Strukturwandel der Jugendphase in der Bundesrepublik Deutschland. In Hummrich, M. (2022). Schüler*innen in der Jugendphase. In H. Bennewitz, H. de Boer & S. Thiersch (Hrsg.), Handbuch der Forschung zu Schülerinnen und Schülern (S. 45–58). Wiesbaden: Springer VS.
Hurrelmann, K., & Bauer, U. (2018). *Einführung in die Sozialisationstheorie*. 11. Auflage. Weinheim: Beltz/Juventa.
Hurrelmann, K., & Quenzel, G. (2022). *Lebensphase Jugend*. 14. Auflage. Weinheim: Juventa.
King, V. (2013). *Die Entstehung des Neuen in der Adoleszenz. Individuation, Generativität und Geschlecht in modernisierten Gesellschaften*. Wiesbaden: Springer VS.
Kleeberg-Niepage, A., & Rademacher, S. (2018). *Kindheits- und Jugendforschung in der Kri-tik. Erziehungswissenschaftliche und psychologische Perspektiven*. Wiesbaden: Springer VS.
Krüger, H.-H., Grunert, C., & Ludwig, K. (Hrsg.) (2022). *Handbuch Kindheits- und Jugendforschung*. (3., vollständig überarbeitete und erweiterte Auflage). Wiesbaden: Springer VS.
Lenz, K. (1986). *Alltagswelten von Jugendlichen. Eine empirische Studie über jugendliche Handlungstypen*. Frankfurt: Campus.
Lenz K. (1990). Jugend im Plural. Theoretische Grundlagen, Methodik und Ergebnisse aus einem Forschungsprojekt. In M. du Bois-Reymond & M. Oechsle M. (Hrsg.), *Neue Jugendbiographie?* (S. 115–133). Wiesbaden: Springer VS.
Lüscher, K. (2005). Ambivalenz – eine Annäherung an das Problem der Generationen. In U. Jureit & M. Wildt (Hrsg.), *Generationen. Zur Relevanz eines wissenschaftlichen Grundbegriffs* (S. 53–78). Hamburg: Hamburger Edition.
Mannheim, K. (1964). Das Problem der Generationen. In K. Mannheim (Hrsg.), *Wissenssoziologie. Auswahl aus dem Werk* (S. 509–565). Neuwied & Berlin: Luchterhand.
Merkens, H. (2008). Auf der Suche nach dem Gegenstand? In A. Ittel, L. Stecher, H. Merkens & J. Zinnecker (Hrsg.), *Jahrbuch Jugendforschung* (S. 349–379). Wiesbaden: Springer VS.
Mey, G. (2018). Jugendforschung: Konjunkturen, Krisen, Konstruktionen. In A. Kleeberg-Niepage & S. Rademacher (Hrsg.), *Kindheits- und Jugendforschung in der Kritik. (Inter-) Disziplinäre Perspektiven auf zentrale Begriffe und Ansätze*. (S. 273–297). Wiesbaden: Springer VS.
Münchmeier, R. (1998). Jugend als Konstrukt. Zum Verschwimmen des Jugendkonzepts in der „Entstrukturierung" der Jugendphase – Anmerkungen zur 12. Shell-Jugendstudie. *Zeitschrift für Erziehungswissenschaft*, 1(1), S. 103–118.
Oevermann, U. (1995). Ein Modell der Struktur von Religiosität. Zugleich ein Strukturmodell von Lebenspraxis und von sozialer Zeit. In M. Wohlrab-Sahr (Hrsg.), *Biographie und Religi-on: Zwischen Ritual und Selbstsuche* (S. 27–103). Frankfurt a. M.: Campus.
Oevermann, U. (2004). Sozialisation als Prozess der Krisenbewältigung. In D. Geulen & H. Veith (Hrsg.), *Sozialisationstheorie interdisziplinär – Aktuelle Perspektiven* (S. 155–181). Stuttgart: Lucius und Lucius.

Literatur

Oevermann, U. (2009). Biographie, Krisenbewältigung und Bewährung. In S. Bartmann, A. Fehlhaber, S. Kirsch & W. Lohfeld (Hrsg.), *„Natürlich stört das Leben ständig." Perspektiven auf Entwicklung und Erziehung* (S. 35–55). Wiesbaden: Springer VS.

Olk, T. (1985). Zur Entstrukturierung der Jugendphase. In Heid, H. &Klafki, W. (Hrsg.), Arbeit Bildung – Arbeitslosigkeit. Beiträge zum 9. Kongreß der Deutschen Gesellschaft für Erziehungswissenschaft, *Beiheft der Zeitschrift für Pädagogik 19*, Weinheim, S. 290–307.

Parsons, T. (1965). Jugend im Gefüge der amerikanischen Gesellschaft. In L. von Friedeburg (Hrsg.), *Jugend in der modernen Gesellschaft* (S. 131–156). Köln & Berlin: Kiepenheuer und Witsch.

Puchert, L., & Schwerdtfeger, A. (2020). *Jugend im Blick der erziehungswissenschaftlichen Forschung – Perspektiven, Lebenswelten und soziale Probleme*. Opladen/Berlin/Toronto: Bar-bara Budrich.

Sandring, S., Helsper, W., & Krüger, H.-H. (Hrsg.) (2015). *Jugend: Theoriediskurse und For-schungsfelder*. Wiesbaden: Springer VS.

Schelsky, H. (1957): *Die skeptische Generation. Eine Soziologie der deutschen Jugend*. Düsseldorf & Köln: Eugen Diederichs Verlag.

Scherr, A. (2016). Jugenden. In A. Scherr (Hrsg.), *Soziologische Basics. Eine Einführung für pädagogische und soziale Berufe* (S. 147–155). Wiesbaden: Springer VS.

Wimmer, M. (1998). Fremdheit zwischen den Generationen. Generative Differenz, Generationsdifferenz, Kulturdifferenz. In J. Ecarius (Hrsg.), *Was will die jüngere mit der älteren Generation? Generationenbeziehungen in der Erziehungswissenschaft* (S. 81–113). Opladen: Leske + Budrich.

Zinnecker, J. (1991). Jugend als Bildungsmoratorium. Zur Theorie des Wandels der Jugendphase in west- und osteuropäischen Gesellschaften. In W. Melzer, W. Heitmeyer, L. Liegle & J. Zinnecker (Hrsg.), *Osteuropäische Jugend im Wandel* (S. 9–25). Weinheim/München: Juventa.

Zinnecker, J. (2000). Kindheit und Jugend als pädagogische Moratorien: Zur Zivilisationsgeschichte der jüngeren Generation im 20. Jahrhundert In D. Benner & H.-E. Tenorth (Hrsg.), *Bildungsprozesse und Erziehungsverhältnisse im 20. Jahrhundert* (S. 36–68) Weinheim: Beltz.

Jugend und ihre Lebenswelten – Ausgewählte Forschungsfelder und -befunde

2

▶ Das zweite Kapitel gibt einen Einblick in Entwicklungen und Befunde der nationalen Jugendforschung. Angesichts der interdisziplinären Forschungsleistungen, der enormen thematischen Ausdifferenzierung und den vielfältigen theoretischen und methodischen Ansätzen wird eine Auswahl an Untersuchungen und Befunden getroffen und diese kompakt präsentiert. Auch wenn die Jugendforschung ein transdisziplinäres Feld ist, zu der die Soziologie, Erziehungswissenschaft, Psychologie und auch angrenzend die Geschichts- oder Gesundheitswissenschaft gleichermaßen beitragen, liegt der Fokus im Folgenden auf Untersuchungen und Diskursen der erziehungswissenschaftlichen Jugendforschung. Hier stehen die zentralen Lebenswelten von Jugendlichen Familie (Abschn. 2.1), Schule (Abschn. 2.2), Peers (Abschn. 2.3) und Medien (Abschn. 2.4) sowie Erkenntnisse zum Umgang mit Krisen und ungewissen Zukünften (Abschn. 2.5) im Mittelpunkt.

2.1 Jugend und Familie

Obwohl das Verhältnis von Jugend und Familie eine enorme Tragweite für die Entwicklungs-, Lern- und Sozialisationsprozesse der Jugendlichen, aber auch für deren Eltern, beinhaltet, ist die Befund- und Erkenntnislage sowohl im Vergleich zu anderen Themen der Jugendforschung als auch zur Forschung zu Kindern in der Familie überschaubar. Es finden sich in der Jugend(kultur)forschung und in der

Familienforschung recht wenige systematische Bestimmungen und Untersuchungen zum Verhältnis von Jugend und Familie. Richard Münchmeier (2007, S. 260) verweist darauf, dass die Wechselbeziehungen von Jugend und Familie „nicht unbedingt zu den klassischen Problemstellungen der Jugendforschung" zählen. Traditionell werden in der Jugendforschung andere Fragen zu jugendkulturellen Ausdrucksformen, gewaltförmigem Handeln oder politischen Orientierungen von Jugendlichen empirisch und theoretisch differenzierter und umfassender bearbeitet (ebd.). Zwar bezieht man sich auf zentrale Kategorien wie „Familie" und „Generation" in den Forschungssträngen der Jugendforschung und berücksichtigt familiale Kontexte und Dynamiken der inter- und intragenerationalen Beziehungen sowie deren soziokulturelle und historische Transformation. Allerdings sind grundlegende theoretische Modelle und Untersuchungen zu Relationen von Familie, Jugendlichen und anderen Räumen eher die Ausnahme (etwa Helsper et al. 2009; King 2013; Ecarius et al. 2017). Der Beitrag der familialen Interaktions- und Beziehungsstrukturen in der Dialektik von Individuation und Generativität in ihrer Bedeutung für die Gestaltung der Adoleszenz und die Ausformung jugendkultureller Phänomene werden – insbesondere in den letzten Jahren – kaum erforscht, genauso wie umgekehrt der Stellenwert jugendkultureller Zugehörigkeit und Praktiken auf familiale Interaktionsdynamiken nur selten in den Blick genommen werden. In einer Sichtung von Untersuchungen an der Schnittstelle von Jugend- und Familienforschung hält Jutta Ecarius (2010, S. 588) in ihrem Resümee jedoch eine langsame Annäherung der Forschungsstränge über den Begriff der Generation als zentrale Kategorie fest (vgl. Abschn. 4.1).

Nachdem für Jugendgenerationen in der zweiten Hälfte des 20. Jahrhunderts explizite Abgrenzungen von und Oppositionen gegen die Eltern gemeinschaftsstiftend waren, belegen die nationalen Jugendstudien seit einigen Jahren, dass Jugendliche ihre Eltern vermehrt wertschätzen, sich (wieder) an ihren Werten und Haltungen (z. B. in Fragen der Erziehung) orientieren und sich mit ihnen sehr verbunden fühlen (z. B. Albert et al. 2015, 2019; Calmbach et al. 2016, 2024). In einer Typisierung Jugendlicher in der Shell-Studie 2015 identifizierte man neben den „Geselligen" (30 %), den „Medienfreaks" (27 %) und einer „kreativen Freizeitelite" (19 %) auch 24 % von explizit familienorientierten Jugendlichen (Leven und Schneekloth 2015), wobei es hier zu milieu-, alters- und geschlechtsspezifisch Unterschieden in der Verteilung kam. Bei Problemen sind Eltern die wichtigsten Ansprechpartner für Jugendliche (Leven et al. 2015). Aber nicht nur die Einstellungen gegenüber den Eltern wandelten sich, auch die Beziehungs- und Erziehungsverhältnisse weisen eine neue kulturelle Qualität auf. Wie in Abschn. 4.1 ausführlich erläutert, wird in diesem Zusammenhang eine Nivellierung der Generationsunterschiede oder sogar eine Umkehrung des Generationengefälles diskutiert. Waren bis zur Mitte des 20. Jahrhunderts autoritäre Erziehungsstile in den Familien dominant, nehmen sich Jugendliche ab den 1980er-Jahren autonomer und mündiger in ihren Familien wahr. Dieser Demokratisierungsprozess mit mehr Partizipationsmöglichkeiten von Jugendlichen in ihren Familien findet seinen Ausdruck in der Transformation vom Befehls- zum Verhandlungshaushalt (Büchner 1983) und jüngst zum Beratungshaushalt (Ecarius et al. 2017, S. 156). Jugendliche werden zunehmend in Familienentscheidungen eingebunden. Aktuelle Befunde der Familienforschung zeigen etwa, wie die Generationsbeziehungen „nicht mehr auf Abgrenzung angelegt sind, sondern familiale Beratung und jugendliches subjektives Wohlbefinden ineinanderfließen" (ebd., S. 9). Dieser Befund ist aber nicht so zu deuten, dass sich hierdurch die für die intergenerationalen familialen Generationsbeziehungen typischen Ambivalenzen und Widersprüche in der Weitergabe des kulturellen und sozialen Erbes aufgelöst haben. Die intergenerationalen familialen Beziehungen und die Lebens-, Erziehungs- und Bildungsformen und -stile in der Familie werden innerhalb von familialen Alltagspraxen (in Essenssituationen, Freizeitaktivitäten usw.) gelebt und weitergegeben. Diese Transmission kultureller Praktiken und kulturellen Kapitals zwischen den Generationen unterscheidet sich dabei milieu-, gender-, regional- und migrationsspezifisch (Büchner und Brake 2006). Inzwischen liegen methodologisch und methodisch innovative Ansätze zu einer qualitativen Forschung zu Intergenerationalität bzw. Generationsbeziehungen und -verhältnissen vor (Böker und Zölch 2017).

Doch nicht nur die intergenerationale Ordnung nimmt Einfluss auf das Aufwachsen von Jugendlichen in der Familie, auch die intragenerationalen Geschwisterbeziehungen sind für die Bildungs-, Lern- und Sozialisationsprozesse in der Jugendphase von entscheidender Bedeutung. Während Geschwisterbeziehungen vorwiegend aus psychologischer Perspektive erforscht worden sind, liegen nur wenige erziehungswissenschaftliche Studien dazu vor, welche Bedeutung Geschwisterformen und -beziehungen zur Bearbeitung und Bewältigung für Lebensphasen wie die Jugend haben (z. B. Bossek 2022).

Aus familien-, generations- und jugendtheoretischer Perspektive wird insbesondere auf die zentrale Bedeutung intra- und intergenerationaler Bildungsorientierungen für die jugendliche Subjektkonstitution und die Frage der Transformation bzw. Reproduktion des familialen Erbes in der Adoleszenz abgezielt. Aufgezeigt in Fallstudien wird bspw., wie in der Familie als „informeller Bildungsort" für Jugendliche in kulturellen Alltagspraktiken der Habitus weitergegeben und angeeignet wird (Büchner und Brake 2006). Die Bedeutung der Struktur familialer Beziehungen und adoleszenter Individuation für das Verständnis von sozialen Eigenpositionierungen und Verläufen in Bildungsbiografien konnte für Bildungsaufsteiger*innen (Silkenbeumer und Wernet 2012; Silkenbeumer et al. 2017; Labede et al. 2020; Maschmann 2021) und -absteiger*innen (Schmeiser 2003), Schüler*innen mit Migrationserfahrungen (z. B. King und Koller 2009; Carnicer 2017) und für das Zusammenspiel von Familie, Schule und Peers herausgearbeitet werden (Deppe 2015). Entscheidend ist dabei auch, wie die pädagogischen Generationsbeziehungen in Familie und Schule zueinander passen und welche Bearbeitungs- und Bewältigungsformen sich daraus für die Individuation und den Bildungsverlauf der Jugendlichen ergeben (Helsper et al. 2009). Jugendliche stehen dabei in zweifacher Weise sowohl diffus-exklusiv mit den Eltern als auch rollenförmig-spezifisch mit den Lehrer*innen in pädagogischen Generationsbeziehungen. Daraus resultierten wiederum doppelte Adressierungen und Positionierungen als Kind und Schüler*innen, die mitunter mit widersprüchlichen Erwartungen verbunden sind (Thiersch und Silkenbeumer 2021). Die Schullaufbahn erweist sich dabei als zu bewältigende Gestaltungsaufgabe für die gesamte Familie, da auf struktureller Ebene das familiale Gleichgewicht in der Adoleszenz ins Wanken gerät und deshalb nicht nur Um- und Neugestaltungen durch die Schüler*innen erfordert. Eltern stehen ebenso vor einem Trennungs- und Ablösungsproblem von der eigenen generationellen Position und müssen sich mit eigenen (nicht) realisierten Lebensentwürfen in der Konfrontation mit den berufsbiografischen Entscheidungen ihrer Kinder auseinandersetzen (King und Koller 2009; King 2013).

2.2 Jugend und Schule

Auch wenn die zusammenfassende Darstellung des Forschungsstandes zu den Lebenswelten von Jugendlichen in diesem Kapitel getrennt voneinander erfolgt, so ist davon auszugehen, dass sich diese Erfahrungsräume überlappen und in einem Zusammenhang stehen. So werden die schulischen Orientierungen an und Positionierungen zu schulischen Anforderungsstrukturen von Jugendlichen „immer nur im Zusammenspiel oder auch in der Spannung verschiedener Lebenssphären hergestellt" (Helsper 2008a, S. 151). Wie Jugendliche der Schule gegenübertreten, ist also auch davon abhängig, wie in Familie, Peer-Groups oder auch in Medien über die Schule gesprochen wird, welche Erfahrungen die Akteur*innen selbst mit Schule gemacht haben und welche Bedeutung man ihr hier zuschreibt.

Im Vergleich zur Familie ist das Verhältnis von Jugend und Schule sehr gut erforscht. Nach grundlegenden historischen Bestimmungen von Jugend und Schule und der Entdeckung der Jugend und ihrer kulturellen Produkte und Sinnbezüge für pädagogische Institutionen (vgl. die Ausführung zu Bernfeld in Abschn. 5.1)

2.2 Jugend und Schule

kommt das Verhältnis disziplingeschichtlich im Zuge einer neuen sozial- und kulturwissenschaftlichen Orientierung in der entstehenden, empirisch ausgerichteten Jugend(kultur)forschung vor allem ab den 1960er-Jahren verstärkt in den Blick der pädagogischen Forschung. Vor allem werden Fragen ins Zentrum gestellt, die darauf abzielen, wie sich Jugendliche schulische Räume zwischen Kritik und Affirmation aneignen, wie Schule zu einem Ort jugendkultureller Praktiken und Vergemeinschaftung wird und wie sich vor dem Hintergrund der familialen Milieueinbindung die Passung zu schulischen Anerkennungs- und Anforderungsstrukturen gestaltet und soziale Ungleichheit (re-)produziert.

Bildungsinstitutionen stellen einen zentralen Forschungsschwerpunkt in der Analyse jugendlicher Erfahrungsräume und Sinnbezüge dar. Dies dokumentiert sich in der gestiegenen subjektiven Bedeutung der Schule bei Jugendlichen und den wachsenden Bildungsaspirationen (Leven et al. 2010; Fraij et al. 2015). Vor diesem Hintergrund diskutiert Pfaff (2006, S. 43), ob nicht etwa „Bildung als zentrales Gegenstandsfeld der Jugendforschung" in Frage kommt. Die Schule als Erfahrungs- und Anforderungsraum im Übergang von der Familie in die Gesellschaft ist ein zentraler Entwicklungs- und Sozialisationsraum für Jugendliche. Dabei wird immer wieder auf ein grundlegendes ambivalentes Verhältnis der altersspezifischen Praktiken, Ausdrucksformen und Orientierungen der Jugendlichen wie Freiwilligkeit, Innovation, Partikularismus einerseits und den mit der Institution Schule verbundenen Normen wie Zwang, Kontrolle, Tradition, Universalismus andererseits verwiesen (Grunert und Pfaff 2020). In diesem Zusammenhang hat sich ein Forschungszweig an der Schnittstelle von Jugend- und Schulforschung etabliert, der diese wechselseitigen Bezüge von Jugend und Schule fokussiert (Helsper und Böhme 2002) und in unterschiedlichen Themenfelder bearbeitet.

Soziale Ungleichheit und kulturelle Passungen
Ausgangspunkt zentraler Fragestellungen zu sozialer Ungleichheit waren die sog. britischen Cultural Studies in Birmingham, in denen die Verwobenheit kultureller Phänomene mit Identitäts- und Machtaspekten im Zentrum standen. In diesem Zusammenhang wird auf die Studie von Willis (1979) „Spaß am Widerstand. Gegenkultur in der Arbeiterschule" verwiesen, in der aus einer ethnografischen Perspektive die kulturellen Behauptungspraktiken von Arbeiterjugendlichen in der kulturellen Dominanz der Mittelschichtsinstitution Schule beobachtet und beschrieben worden sind. Diese Untersuchung war in ihrer theoretischen und methodischen Anlage wegweisend für eine aufkommende ethnografische Schul- und Unterrichtsforschung ab den 1980er-Jahren, wenngleich Fragen sozialer Benachteiligung und Diskriminierung in Schule zunehmend weniger gestellt worden sind.

Zuletzt ist das Thema Jugend und soziale Ungleichheit sowohl in der Jugendkulturforschung (z. B. Hoffmann 2016) als auch in der bildungsbezogenen Jugendforschung aber wieder stärker aufgegriffen und diskutiert worden (Krüger und Deppe 2014). Insbesondere richtet sich die Perspektive erneut auf die Bedeutung der Peers im Prozess der Reproduktion oder Transformation von Bildungsungleichheit. Fokussiert werden vor allem die Verflechtungen zwischen Herkunfts-, Schul- und Peermilieus von Jugendlichen in der Ausbildung von Schul- und Bildungsorientierungen (Krüger et al. 2012). In diesem Zusammenhang hat sich über Jahre ein eigener Forschungsstrang gebildet und etabliert, der auf die soziale Benachteiligung von Jugendlichen beim Übergang in die Ausbildung bzw. in den Beruf abzielt und dabei insbesondere auch institutionelle Diskriminierungen in den Blick nimmt (z. B. Heinz 2011). Daneben finden sich aber auch eine Reihe von Untersuchungen, die die (Re-)Produktion sozialer Ungleichheit in informellen Kontexten belegen, sodass die soziale Herkunft „für die Konstituierung von jugendlichen Szenen und Peer Groups keineswegs bedeutungslos geworden ist" (Thole und Schoneville 2010, S. 156).

Identität, Biografie und Bildungsverläufe
Aus einer stärker schultheoretischen Betrachtungsweise von Jugend und Schule wurden vor allem Zusammenhänge zwischen schulischer Sozialisation und Identitätsentwicklung fokussiert (Hagedorn 2014). Ausgangspunkt ist bspw. bei Wellendorf (1974, S. 49), dass sich „die schulischen Interaktionsprozesse unter der Bedingung einer noch relativ schwach ausgebildeten Ich-Identität der größeren Gruppe der Interaktionspartner" von Schüler*innen vollzieht und die soziale Organisation der Schule spezifische leistungs- und verhaltensbezogene Anforderungen für und Adressierungen an die Jugendlichen beinhaltet. In Anbetracht der damit herangetragenen institutionellen Identitätszuschreibungen und -zumutungen werden zur Aufrechterhaltung der Identität „Balanceleistungen" zwischen Selbst- und Fremdbildern von Jugendlichen abverlangt (ebd., S. 37 ff.).

Wurde Jugend lange Zeit homogen betrachtet, kam es auch in Deutschland im Zuge der Ausdifferenzierung und Diversifizierung der Jugendforschung zu einer ersten „pädagogischen Wende", indem nun die subjektiven Perspektiven auf das Erleben der Jugendphase auch in der Schule und deren Strukturierung durch soziokulturelle Bedingungen (z. B. Milieu, Gender, Migration) in den Fokus rückten (Griese und Mansel 2003, S. 15). Ein Schwerpunkt lag darauf, wie schulische Anforderungen vor dem Hintergrund familial-biografischer Erfahrungen und adoles-

2.2 Jugend und Schule

zenter Krisendynamiken von Jugendlichen eigensinnig bearbeitet werden. Die Eigenlogik jugendlicher Subjektivität wurde dabei vor allem im Zusammenwirken der interaktionslogisch different strukturierten Sozialisationsräume von Schule und Familie herausgearbeitet (z. B. Fend 1997).

> „So bildete Schule für Studien auf dem Forschungsfeld der Jugendkulturforschung lange Zeit einen wichtigen Untersuchungszusammenhang. Im Zentrum stand dabei die Positionierung von Jugendkulturen zur Institution Schule, die als Repräsentantin der Erwachsenenkultur und der von Erwachsenen entwickelten Verhaltens- und Leistungserwartungen wie auch des Staates und seiner Normierungsversuche von Jugend verstanden wurde. Gerade im Zusammenhang mit der Analyse von Schülerkulturen gerät die Schule selbst als Kontext der Ermöglichung und Begrenzung von jugendkulturellem Eigensinn ins Blickfeld" (Grunert und Pfaff 2020, S. 82).

Forschungen zur Schülerbiografie von Jugendlichen nehmen die subjektive Deutung, Bearbeitung und Integration von Erfahrungen und Ereignissen der Schulkarriere im biografischen Gesamtzusammenhang in den Blick (Helsper 2008b, S. 931). Umgekehrt wird damit aber auch danach gefragt, welche Bedeutung schulisches Erleben für adoleszente Individuationsprozesse und die dynamischkrisenförmige Subjektwerdung aufweist (Combe und Helsper 1994, S. 107). Weitere schülerbiografischen Untersuchungen gehen stärker auf den Zusammenhang von Biografie und Institution ein. Schule rückt als Ort für die Entfaltung jugendlicher Praktiken und jugendliche Kritik an und Positionierung zur Schule in den Fokus (Helsper 1983). Rekonstruiert werden so die Ambivalenzen zwischen jugendlicher „Gegenkultur" und „schulisch-bürokratischer Rationalität" (Helsper 1989) und die negative Wahrnehmung von Jugendlichen der Monotonie und Langeweile als biografische Nutzlosigkeit der Schule (Helsper und Breyvogel 1989, S. 25). Auch in der Schülerbiografieforschung wird ein „Entstehen von Reibungsflächen zwischen biographischen Prozessen und schulischen Ereignisabläufen" in der Adoleszenz herausgearbeitet (Nittel 1992, S. 264). Alle Untersuchungen machen deutlich, dass sich in dieser Phase entscheidet, welche Relevanz der Schule und der bisherigen Schulkarriere biografisch gegeben werden kann und welche Entwürfe und Antizipationen der weiteren Gestaltung der Bildungsbiografie möglich sind (vgl. dazu z. B. Nittel 1992; Kramer 2002). Einige Untersuchungen zielen mit ihrem Erkenntnisinteresse auf den Übergang von Kindheit zur Jugend, indem sie entlang von schulischen Bildungsverläufen von ca. 10–16-Jährigen biografische Übergänge im Kontext von Familie und Peer-Groups untersuchten (Krüger et al. 2008, 2012; Kramer et al. 2013).

Schulbezug und Leistungsmotivation in der Jugendphase

Empirisch hat Fend (1997) mit seiner Arbeitsgruppe den Umgang mit der Schule in der Jugendphase in längsschnittlich angelegten, quantitative und qualitative Ansätze verknüpfenden Untersuchungen umfassend erforscht. Eingebettet in gesellschaftliche Modernisierungsprozesse und im sozialen Kontext von Familie und Peers konnte im Verlauf vom 6. bis zum 10. Schuljahr ein Absinken des positiven Schulbezugs in der Leistungs- und Anstrengungsbereitschaft sowie im Wohlbefinden (ebd., S. 177 ff.) und ein Anstieg der Leistungsangst und von Disziplinproblemen der Schüler*innen belegt und insbesondere die 7. Jahrgangsstufe „als kritisches Jahr" herausgearbeitet werden (ebd., S. 182, 247; auch Kramer et al. 2013). Verwiesen wird dabei auf die „in hohem Maße kontext-abhängig[en]" Zusammenhänge (soziale Herkunft, Schulform) (ebd., S. 252 f., S. 335) und die Verwobenheit von sozialem Hintergrund, schulischen Leistungen und Entwicklungen des Selbst, die für eine „aktiv-erfolgsorientierte" vs. eine „abwehrend-vermeidende" jugendliche Bewältigung von Schule entscheidend ist (ebd., S. 342). Die nachlassende intrinsische und soziale Leistungs- und Lernmotivation in der Frühadoleszenz konnte in weiteren quantitativen Längsschnittanalysen belegt werden (z. B. Pekrun 1983, 1993). Studien der Leistungsattribuierungsforschung zeigten dabei, dass nicht die tatsächlichen Leistungen im Umgang mit Erfolg und Versagen in der Schulkarriere von Bedeutung sind, sondern der Selbstbewertung und der subjektiven Deutung der Ursachen eine entscheidende Rolle in der Auseinandersetzung zukommt (Köller und Möller 1995). Eine Schweizer Längsschnittstudie von Neuenschwander (1999) kam überdies zu dem Befund, dass auch noch im Jugendalter die Eltern im Vergleich zu Faktoren wie Schulklasse, Lehrperson und Didaktik den größten Einfluss auf die Leistungsmotivation der Schüler*innen haben.

Aktuelle Beobachtungen gehen von einem Wandel aus und sehen sowohl eine „zunehmende Ausblendung von Schule in der Jugendkulturforschung" als auch eine „Ausblendung von Jugend in schultheoretischen Entwürfen" (Grunert und Pfaff 2020, S. 80, 83). Schule als Institution kommt demnach „nur noch" eine eingeschränkte Bedeutung in der Jugendforschung zu. Umgekehrt werden in der Schulforschung jugendliche Sinnbezüge und Orientierungen kaum betrachtet. „Dabei wird sichtbar, dass Schule als Lebensraum und soziales Feld junger Menschen in der Entwicklung der Jugendforschung an Gewicht verliert, während Jugend in der schulpädagogischen Forschung und neueren Studien der schulbezogenen empirischen Bildungsforschung auf die Rolle des Schüler* in-Seins verengt wird" (ebd., S. 77).

Optimierung und Verschulung der Jugend

Mit der Durchsetzung der Schulpflicht und dem Ausbau des Bildungswesens im Zuge der Bildungsexpansion ist – historisch betrachtet – die zeitliche und räumliche Anwesenheit von allen Jugendlichen in der Schule unabhängig etwa vom Milieu gestiegen. Immer mehr Schüler*innen besuchen immer länger die Schule und andere Bildungsinstitutionen (Helsper 2008b), sodass sich Jugend- und Schulleben überlappen. In Anbetracht dieser sozialen, zeitlichen und räumlichen Eingebundenheit ließe sich von einer ‚Schuljugend' sprechen. Auf der Grundlage aktueller Daten gehen Fraij, Maschke und Stecher (2015) von einer Verschulung oder „Scholarisierung der Jugendphase" in den letzten Jahren aus. Im Zeitvergleich von zehn Jahren zwischen zwei repräsentativen Jugendstudien (NRW-Kids 2001 und Jugend.Leben 2012) wird diese These belegt und darüber hinaus aufgezeigt, dass davon auch Familie und Peers erfasst sind (ebd., S. 167). Festgehalten werden folgende Ergebnisse: Jugendliche sind nicht nur länger in der Schule, sie investieren auch mehr Zeit für obligatorische Lernaufträge und weisen höhere Bildungsaspirationen auf. Ebenfalls in den Familien und in den Peergroups sind die Einschätzungswerte für schul(leistungs-)bezogene Normen höher als in der ersten Befragung (ebd., S. 179). Mit dem Fokus auf Leistungen und (kognitive) Lernergebnisse von Jugendlichen werden auch bezüglich der Einstellungen gegenüber der Schule als Lebenswelt damit Transformationsprozess der Jugendphase nachgezeichnet. Hier wird die These eines Wandels von einem Bildungs- zu einem Leistungsmoratorium diskutiert: „Das Bildungsmoratorium hat längst seine häufig idealisierte Schutzfunktion – wenn es diese überhaupt jemals innehatte – verloren und ist nunmehr als ein zukunftsweisender mit Platzierungs- und Selektionsprozessen verbundener Zeitabschnitt zu sehen" (Harring und Schenk 2018, S. 118).

Jugend und Optimierung
Die Entwicklung hin zu einer evidenzbasierten Bildungspolitik und -praxis und zu neuen Steuerungselementen im Bildungssystem in den letzten 25 Jahren führte zu einem verstärkten Interesse an der Optimierung und Steigerung der kognitiven Leistungen und Fähigkeiten von Jugendlichen, wie die zahlreichen nationalen und internationalen Vergleichsstudien der empirischen Bildungsforschung dokumentieren. In den PISA-Studien werden beispielsweise die Kompetenzen von 15-jährigen Jugendlichen beim Lesen, in der Mathematik und den Naturwissenschaften erfasst. Jugend als eine individuelle und kollektive Lern- und Sozialisationsphase, in der sich die Subjektbildung und die biografischen Perspektiven von Jugendlichen ausformen, sind demgegenüber in den Hintergrund getreten.

2.3 Jugend und Peers

▶ **Peers und Peer-Groups** Die Begriffe Peer und Peer-Group stammen aus der amerikanischen Jugendsoziologie und beschreiben eine spezielle Form einer in der Regel natürlich (freiwillig) entstandenen Gruppe von Gleichaltrigen, für die neben der Altersgleichheit die Statusgleichheit kennzeichnend ist. Während Freundschaften eine auf die Person gerichtete Beziehung bezeichnet, sind Peers als ein Gefüge bzw. Netz sozialer Beziehungen von Gleichaltrigen zu verstehen, die nicht zwangsläufig befreundet sein müssen. Peer-Groups stellen neben Familie und Schule eine weitere zentrale Sozialisationsinstanz mit wichtigen Funktionen in der Jugendphase dar. Sie bilden eigene Normen und Verhaltensregeln aus, in der Jugendliche Solidarität aber auch das Austragen von Konflikten und Wettbewerben einüben.

Das soziale Lernen in der Gruppe der Gleichaltrigen nimmt für die Entwicklung sozialer Kompetenzen und des Selbstverständnisses einen hohen Stellenwert ein. Folglich sind sie in der Abgrenzung zu und Ablösung von Erwachsenen zentral für die Individuation in der Jugendphase und den Aufbau eines Zugehörigkeitsgefühls in der wechselseitigen Anerkennung. Im Rahmen der symmetrischen Interaktion und gleichberechtigten Aushandlung von Welt- und Selbstsichten entwickelt sich in Peergroups nicht nur die Identität, sondern auch Moralvorstellungen und die Urteilsbildung. Die sich formende Argumentationsfähigkeit fördert letztlich auch die kognitive Entwicklung von Jugendlichen unter Peers.

Peergroups stellen so den sozialisatorischen Ort jugendlicher Vergemeinschaftung und Erfahrungsbildung dar; in ihnen wird Jugend hergestellt, gelebt und konstruiert. Insbesondere Interaktionsprozesse unter Gleichaltrigen werden so als der „soziale Ort" der „Erfahrungsbildung und Selbstverortung" in der generationsspezifischen Abgrenzung von erwachsenen Bezugspersonen oder institutionellen Auseinandersetzung mit der Schule verstanden (Bohnsack 1989, 11). Hervorgebracht werden Peer-Groups dabei über gemeinsam geteilte Praktiken und Ausdrucksformen, wie die verbale (z. B. Jugendsprache/Slang) und die nonverbale Kommunikation in der Inszenierung des körperlichen Erscheinungsbildes (z. B. in sozialen Medien). Kollektivstiftende Elemente sind darüber hinaus Ausdrucksformen der Gruppe in Form eines gemeinsamen Kleidungsstils oder Musikgeschmacks. Die Zugehörigkeit zu Szenen stellt einen Ausgangspunkt für die Bildung von Peergroups dar. Dabei reproduzieren sich auch in jugendkulturell orientierten Peer-Groups z. B. in der Techno-Szene Mechanismen sozialer Ungleichheit (Hoffmann 2016). Gemeinschaft wird in jugendlichen Peergroups aber auch in der Vermittlung von bildungsrelevanten Einstellungen und Verhaltensmustern gestiftet (Krüger et al. 2012). Im Überschneidungsbereich zur Schul- und Bildungsforschung werden die mitunter spannungsreichen Verhältnisse zwischen Peerkultur und der schulischen bzw. unterrichtlichen Ordnung herausgearbeitet (Breidenstein 2021). Die Verortung in jugendlichen Gegen- oder Subkulturen kann aber auch in Verbindung mit Familienkonflikten und verweigerter Anerkennung sogar zu Abstiegen vom Gymnasium an die Hauptschule führen (siehe Fallstudie Moritz in Combe und Helsper 1994, S. 107 ff.).

2.3 Jugend und Peers

Grundlegend nimmt der Stellenwert der Peers im Lebensverlauf von der Kindheit zur Jugendphase zu (Heyer et al. 2012, S. 987). Fend (1998) konnte aufzeigen, dass im Übergang von der Kindheit zur Jugend im Alter von 12 bis 13 Jahren die gleichgeschlechtlichen Freunde und ab 15 bis 16 Jahren die gegengeschlechtlichen Freunde zu wichtigen Bezugspersonen für Heranwachsende werden. Mit Prahl (2010, S. 409) lassen sich acht Tätigkeits- und Funktionsbereiche der Peers unterscheiden: Regeneration, Rekreation, Selbstverwirklichung, Konsumzeit, Bildung, Bewegung, Kommunikation sowie Zeit für Passivität. Peers sind sowohl in Bildungseinrichtungen und Vereinen als Unterstützer und Konkurrenten als auch in der Freizeitgestaltung von zentraler Bedeutung. Die meisten Freizeitaktivitäten werden mit Peers geteilt (90 %) (z. B. Harring 2011), wobei sich die kollektiven Praktiken und Orientierungen in Peer-Beziehungen geschlechts-, milieu-, regional- und migrationsspezifisch unterscheiden.

In vergleichenden Studien zu Peerbeziehungen in der Stadt und auf dem Land konnten signifikante Unterschiede nachgewiesen werden: Während Stadtjugendliche häufiger gemeinsame passive Aktivitäten an festen Orten (z. B. in der Familie oder auf der Straße) bevorzugen (z. B. Chillen, Computerspielen) und sich für jugendkulturelle Vergemeinschaftungsformen interessieren, sind Jugendliche in ländlichen Regionen aktiver, verbindender und geselliger in der Kultivierung traditioneller Feste und Bräuche und engagieren sich häufiger in Jugendgruppen und anderen Verbänden ehrenamtlich (Stein 2013). Nach wie vor zählt auch das Treffen mit Freunden neben dem Surfen im Internet, sportlichen Aktivitäten und dem Hören von Musik zu den beliebtesten Freizeitaktivitäten von Jugendlichen (Leven und Schneekloth 2015, S. 113). In diesen eigenlogischen sozialen Räumen haben Gleichaltrige in den gemeinsamen Aktivitäten und Diskussionen ebenfalls Einfluss auf die Ausbildung und Entwicklung von politischen Orientierungen und Werthaltungen (Böhm-Kasper 2010, S. 275 ff.). Die jugendkulturellen Erfahrungen wirken auf die politische Sozialisation und die Genese des politischen Bewusstseins von Jugendlichen und beeinflussen die Einstellungen gegenüber aktuellen Fragen von Politik und Gesellschaft mit.

Ein immer wieder diskutiertes Phänomen unter Peers wird im gemeinschafts- und gesundheitsgefährdenden sowie im gewaltförmigen Handeln gesehen, wobei vor allem verbale Gewalt (z. B. auch Mobbing) wesentlich häufiger auftritt als körperliche Gewalt und insbesondere Jungen im Alter zwischen 14 und 18 Jahren bei allen Formen – insbesondere bei körperlichen Übergriffen – häufiger Gewalt ausüben als Mädchen (Fuchs et al. 2009, S. 98 ff.). Verbale Gewalt nimmt aufgrund neuer Kommunikationstechnologien und -räume (z. B. soziale Medien) von Jugendlichen nicht nur zu, sondern es steigen auch die neuen Formen (z. B. Hate-Speech, Cyberbullying und -mobbing), expliziter aber auch anonymer Diskriminierungen, Abwertungen und Verachtungen unter Peers an, was Jugendliche als belastend und stressauslösend empfinden (Krause et al. 2021). Knapp 20 % geben in einer Untersuchung an, sich wehren zu wollen, etwa ein Viertel fühlt sich Hatespeech dagegen hilflos ausgesetzt (Wachs et al. 2020). Peers und Peergroups kommunizieren heutzutage mediatisiert, sodass in einer „permanenten virtuellen Ko-Präsenz" (Eisentraut 2016, S. 231) Fragen von Nähe bzw. Distanz oder Integration bzw. Ausgrenzung, gerade auch in Gruppen, darüber beantwortet werden, wer hier mit wem kommuniziert und welche Video, Bilder, Sprach- und Textnachrichten und Geheimnisse geteilt werden. Mit neuen Informations- und Kommunikationstechnologien entstand auch das Phänomen Cybermobbing, das mittlerweile konventionelles Mobbing fortsetzt (Sitzer 2015).

2.4 Jugend und Medien

Die erziehungswissenschaftliche Jugendmedienforschung kennzeichnet bereits seit den 1980er- und 1990er-Jahren eine „Aufbruchstimmung". Zentral ist, dass „einerseits Medien als integraler Bestandteil der Lebenswirklichkeit von Jugendlichen angesehen werden, andererseits Mediennutzung in ihrer Verschränkung von Subjektorientierung und gesellschaftlicher Bedingtheit verstanden wird" (Hugger 2020, S. 114 ff.). So wechselte der Fokus der Jugendmedienforschung von Untersuchungen zu Wirkungen von Massenmedien und zu Jugendlichen als Nutzer und Konsumenten von Medien in der Freizeit hin zu Studien, die auf „gesellschaftliche Relevanz mobiler Medien für jugendliche Interaktions- und Beziehungspraxis" (Eisentraut 2016, S. 225) abzielen und die Kommunikation im Internet und die aktive und kreative Aneignung medialer Lebenswelten, insbesondere in sozialen Medien, erforschen (Liebsch 2012, S. 105). Damit rücken Formen jugendlicher Vergemeinschaftung aber auch der individuellen Selbstdarstellung, die heutzutage zur Identitätsbildung beitragen, in den Blick (Hugger 2020, S. 119 f.). Weil Jugendliche selbstverständlich mit den neuen Technologien aufwachsen und sich diese oft autodidaktisch aneignen, wird ihnen als sogenannte „digital natives" kompetentes und souveränes Medienhandeln zugeschrieben. Dabei belegen empirische Untersuchungen schon länger, dass dieser Schluss auszudifferenzieren ist und Jugendliche bezüglich der Mediennutzung keine einheitliche Gruppe darstellen. Es ist bekannt, wie unterschiedlich souverän Jugendliche Medien nutzen (z. B. Treumann et al. 2007). Beispielsweise wird in der groß angelegten internationalen Vergleichsstudie ICILS zu den informations- und computerbezogenen Kompetenzen von Schüler*innen deutlich, welche signifikanten Kompetenzunterschiede zwischen Jugendlichen aus Gymnasien im Vergleich zu anderen Schulformen der Sekundar-

2.4 Jugend und Medien

stufe I bestehen bzw. wie auch hier soziale Herkunft und Kompetenzniveau eng gekoppelt sind (Wendt et al. 2014; Senkbeil et al. 2019).

Im Zuge der Digitalisierung der Lebenswelt stellt sich immer mehr die Frage danach, ob und wie Medien – neben und quer zu Familie, Schule und Peergroup – als ein Bildungs- und Sozialisationsraum eigener Art für Jugendliche zu betrachten sind. Medien als inzwischen allgegenwärtige „Instrumente der Sozialisation" (Schorb 1997, S. 338) verändern mit ihrer zentralen Mittlerfunktion die Beziehungen zwischen Familie, Schule und Peers, indem sie diese vernetzen, durchmischen und beschleunigen (McLuhan 1970). In diesem Zusammenhang wird von der „Entgrenzung" der Lebenswelten ausgegangen, da Grenzlinien wie die „räumliche Trennung, soziale Separierung, professionelle Betreuung, thematische Konzentration und eine eigene Form der Kommunikation" (Aßmann 2016, S. 521) zwischen den Lebenswelten immer mehr verschwimmen. Während Jugendliche mit Medien und Peers Freiheit, Zugehörigkeit, Selbstbestimmung und Innovation assoziieren, stehen bei ihnen Familie und Schule nach wie vor für Beharrlichkeit, Anpassung, Reproduktion, Kontrolle, und Regelkonformismus. Im Kontext der Digitalisierung werden diese Aushandlungsprozesse besonders relevant, da jugendliche Praktiken im Kontrast zur familialen und schulischen Welt an technologische und digitale Entwicklungen geknüpft sind. Auf dieser Grundlage ist aus jugendtheoretischer Sicht von Interesse, wie die Integration digitaler Medien auf der Ebene von Familie und Schule von Jugendlichen wahrgenommen wird und in welchem Verhältnis diese zur Aneignung in der außerschulischen, peerkulturellen Lebenswelt steht.

Ein sehr umfassender Forschungsbereich durch kontinuierlich durchgeführte repräsentative Umfragen fokussiert sich auf die medialen Sozialisationsbedingungen und Sozialisationspraktiken von Jugendlichen, insbesondere in außerschulischen aber auch in schulischen Kontexten (MPFS 2021; DIVSI 2014, 2016; BITKOM 2015; zusammenfassend auch Schaumburg 2015). In allen Studien wurde mehrfach belegt, wie Besitz und Nutzung verschiedenster digitaler Medien zunehmend zur Normalität geworden sind und diese die Alltagswelt durchziehen und bestimmen. 94 % der 12- bis 19-jährigen Jugendlichen verfügen über ein eigenes Smartphone, Dreiviertel besitzt einen PC/Laptop und über die Hälfte hat auch ein TV-Gerät (MPFS 2021, S. 6). Medien werden insbesondere verwendet, um das Internet und das Smartphone zu nutzen (jeweils 95 %) oder um Musik zu hören (92 %). Jugendliche sind täglich fast vier Stunden online. So stieg die tägliche Onlinenutzung von 99 min im Jahr 2006 auf 224 min im Jahr 2023 (MPFS 2023). Insbesondere für Kinder und Jugendliche ist ein „Online-Leben" zur Selbstverständlichkeit geworden, sodass auch Wünsche nach Selbstregulation (z. B. „Handyfasten") und Selbstbestimmung artikuliert werden (Calmbach et al. 2016,

S. 172). Über die Hälfte der befragten Jugendlichen genießt es, Zeit ohne Handy und Internet zu verbringen (MPFS 2021, S. 36). Dabei liegen Erkenntnisse vor, dass der Gebrauch von und der Umgang mit digitalen Kommunikations- und Informationstechnologien vom Geschlecht (Luca 2003), von den Migrationserfahrungen (Bonfadelli et al. 2008) sowie vom Alter und der Generationslage (Schäffer 2003) abhängig sind.

Aus einer stärker subjektorientierten Perspektive wird darüber hinaus in der Rezeptionsforschung untersucht, wie sich junge Menschen heutzutage mit den vielfältigen Medienangeboten und den erweiterten Ausdrucks- und Kommunikationsmöglichkeiten auseinandersetzen und sich die Identitätsbildung in virtuellen und medialen Welten vollzieht (Mikos et al. 2009). Der Forschungsfokus liegt dabei auf der kontextuellen Einbettung (Familie, Peers, Freizeit, Arbeit) der subjektiven Medienaneignung (Reißmann und Hoffmann 2017, S. 68). Soziale Netzwerke drängen „das Prinzip der andauernden Selbstreflexion und der Interpretation von Erfahrung zur sozialen Verpflichtung" auf (Liebsch 2012, S. 107). Studien können geschlechts-, alters- bzw. generationsspezifische Inszenierungen, Idolisierungen und Idealisierungen im Konsum medial vorgegebener Identifikationsobjekte wie Fernseh-, Musik- oder Internetstars nachzeichnen (Schorb 2006; Wegener 2008). Hieran anschließend sind „Prozesse imaginierter Interaktion", die theoretisch als „parasoziale Interaktion" gefasst werden, als Aneignungsmodi der „Übernahme und Antizipation in der Realität nicht auslebbarer Rollen" beforscht worden (Wegener 2008, S. 62, 66). Zentrales Ergebnis ist dabei, dass Menschen nicht aus „Einsamkeit und Mangel an sozialen Beziehungen", sondern „ergänzend zu realen Sozialbeziehungen" digital kommunizieren (ebd., S. 66). Darüber hinaus bieten soziale Netzwerke, Plattformen und Messenger-Dienste Möglichkeiten der Aushandlung und Anerkennung von Identitätsentwürfen, indem sie gesteigerte Partizipationsmöglichkeiten an themenbezogener Gruppenkommunikation bereitstellen (z. B. Auto-, Bastel-, Kochforen usw.). Identitätsarbeit findet hier „durch gezieltes Suchen in Medienvorgaben" statt (Schorb 2006, S. 7). Schließlich wird mediale Identitätsarbeit durch Formen der Selbsterprobung, -darstellung und -inszenierung in verschiedenen Online-Netzwerken und -Formaten (z. B. Instagram) ermöglicht (Lauffer und Röllecke 2014). In der Analyse von Online-Tagebüchern konnten bspw. auch Strukturmuster der Bearbeitung von Alltagsproblemen herausgearbeitet werden (Hagedorn 2017). Untersuchungen in diesem Zusammenhang zeigen eindrücklich auf, wie soziale Vernetzungsdienste aber auch digitale Spiele damit Räume für jugendkulturelle Praktiken und Vergemeinschaftungsformen in der adoleszenten Ablösung und Abgrenzung von erwachsenen Bezugspersonen (Eltern, Lehrer) zur Verfügung stellen (z. B. Quandt und Kröger 2014). Daneben weisen Untersuchungen auf die Risiken digitaler Kommunikations- und Präsentationsformen hin. Insbesondere Cybermobbing, Hass, Hetze, Fake-News und Sexting werden als Kehrseiten digitaler Kommunikation mit den Folgen der Identitätsbeschädigungen, Wirklichkeitsverzerrungen und weitreichenden Stigmatisierungsprozessen aufgezeigt (z. B. Schorb und Demmler 2017). Zusammengefasst belegen die Ergebnisse in diesem Forschungscluster, wie Mediennutzung neue Formen der sozialen Kommunikation und Integration aber auch der sozialen Ausgrenzung und Diskriminierung im medialen Sozialisationsprozess hervorbringt.

2.5 Jugend, Krisen und Zukunft

Abschließend sollen aktuelle Befunde zur jugendlichen Wahrnehmung von gesellschaftlichen Krisenphänomenen gebündelt dargestellt werden. Gerade Jugendliche, die sich ohnehin in einer sensiblen und mitunter krisenhaften Lebensphase befinden (vgl. Abschn. 4.2), sind von diesen gesellschaftlichen Problemlagen in ihren Zukunftsentwürfen und -planungen betroffen. Sie müssen die konstitutiven Ungewissheits- und Identitätsfragen der Adoleszenz im Kontext allgemeiner Zukunftsunsicherheit beantworten und sich dazu positionieren. Auch hier können dabei nur ausgewählte Gesellschaftskrisen, zu denen in den letzten Jahren intensiv geforscht wurde, in den Blick kommen (Klimakrise, Coronakrise, Gesundheit bzw. Wohlbefinden, Ungleichheit). Diese analysieren – so die Kritik – häufig aber „lediglich" deskriptiv Einzelphänomene, z. B. Auswirkungen und Erfahrungen der Klimaproteste und Coronakrise für Bildungsverläufe (z. B. Andresen et al. 2020; Walper et al. 2021). Tiefergehende und differenziertere Analysen zu Sinnkonstruktionen und Deutungen der Krisen von Jugendlichen gibt es dagegen bislang erst wenige (Thiersch 2025).

Klimakrise
Analysen zu Einstellungen von Klimaaktivisten in Europa belegen, dass es Jugendlichen in erster Linie nicht so sehr um einen Systemwechsel, sondern um den Wandel des individuellen Lebensstils zu mehr Nachhaltigkeit und Awareness geht (Svensson und Wahlström 2023). Die Untersuchungen zeigen so auf, dass Jugendliche zum einen kritisch über alternative Lebens- und Bildungsmodelle nachdenken (müssen), zugleich damit aber massive Verunsicherungen und Zukunftsängste einhergehen. Obwohl andere OECD-Länder von einer höheren Jugendarbeitslosigkeit betroffen sind (Coppola und O'Higgins 2016), die sich während der Corona-Krise noch verschärfte (Albrecht et al. 2021), zeigen sich auch deutsche Schüler*innen über die gesellschaftlichen Krisen zunehmend

besorgt und sind (wieder) bereit, materielle Abstriche zu machen und sich gesellschaftspolitisch einzubringen (z. B. bei Fridays for Future) (Albert et al. 2019; Calmbach et al. 2024). Dennoch werden ihnen im Diskurs (z. B. auch im Kontext der PISA-Ergebnisse) Attribute wie „selbstverwirklichend und -inszenierend, arbeitsscheu, ängstlich, digitalisiert" etc. zugeschrieben (Maas 2019). Diskursanalytisch ausgerichtete Untersuchungen untersuchen zunehmend dabei die Mediatisierung und Medialisierung von Krisen, wie diese darin vermittelt, hervorgebracht und als solche festgehalten und zu anderen sozialen Problemen (Ungleichheit) ins Verhältnis gesetzt werden (Bormann 2023; Graber 2024).

Coronakrise
Gravelmann (2022) kritisiert etwa im Kontext der Corona-Krise pauschalisierende und medial aufgeladene Zuschreibungen wie „Generation Corona" und bildet auf der Grundlage von Interviewstudien Kategorien wie „rücksichtsvolle" (ebd., S. 49), „regelbrechende" (ebd., S. 50) oder „entspanntere Jugendliche" (ebd., S. 54). Andere Typologisierungen unterscheiden Bearbeitungsweisen von Krisen zwischen „pragmatisch und konstruktiv, besorgt und ängstlich, un-sicher und […] ungewiss" (Hafeneger 2023, S. 43). In Zeichnungen schwedischer Jugendlicher wird die Krisennormalität als Dystopie dargestellt, die mit zerstörten Beziehungen, negativen Emotionen und angepassten Verhaltensweisen einhergehen, obwohl es in Schweden keine Schulschließungen gab (Tishelman et al. 2022). Eine qualitative Interviewstudie von Wisch-mann (2022) fokussiert die biografischen Bildungsprozesse und Wahrnehmung Jugendlicher in unterschiedlichen Bildungsinstitutionen (Schule, Ausbildung und Studium). Herausgearbeitet wird vor dem Hintergrund der fehlenden pädagogischen Beziehungen und Inhalte eine Verunsicherung in der Selbstpositionierung und eine Isolation bezüglich der Zukunftsentwürfe für den Bildungsverlauf. In einer Untersuchung zur Bewältigung der Adoleszenzkrise in der Corona-Krise wird ebenfalls aufgezeigt, wie das Wegbrechen stabiler Ordnungsstrukturen (vor allem der Schule) zu einem „Strukturverlust" für Jugendliche im Alltag und zu einer „Krise der Selbst- und Weltpositionierung" wird (Rademacher und Tressat 2022, S. 120).

Gesundheit und Wohlbefinden
Entgegen medialer Zuspitzungen zeigen Analysen, dass – global betrachtet – der überwiegende Teil von Jugendlichen nach wie vor über eine stabil gute subjektive Gesundheit und eine hohe Lebenszufriedenheit berichten (Reiß et al. 2024). Wie die COPSY-Studie deutlich macht, gab es bspw. während der Corona-Krise eine resiliente Gruppe von Jugendlichen zwischen 64 % und 74 %. Dennoch ist hier die

2.5 Jugend, Krisen und Zukunft

psychosoziale Gesundheit von einem Drittel beeinträchtigt gewesen (Kaman et al. 2024). In einer anderen Längsschnittuntersuchung von 2009/2010 bis 2022 artikulieren jedoch mit einem deutlichen Anstieg in den letzten Jahren ca. die Hälfte der Mädchen und ein Drittel der Jungen multiple psychosomatische Gesundheitsbeschwerden und ein geringeres Wohlbefinden, vor allem äußern dies ältere Jugendliche (Reiß et al. 2024). Zeitdiagnostisch orientierte qualitative Studien der Adoleszenzforschung erhellen derartige Überforderungsartikulationen Jugendlicher vor dem Hintergrund tieferliegender struktureller Widersprüche beschleunigter Gegenwartsgesellschaften (vgl. u. a. Benzel et al. 2021; Busch und Schreiber 2021). Weiterhin speisen sich bildungsbezogene Krisenkonstellationen aus Leistungsansprüchen und „Selektionsandrohungen" im Kontext gesellschaftlicher Dynamiken einer Medikalisierung kindlichen und jugendlichen Verhaltens, über die zudem soziale Teilhabeansprüche verhandelt werden (Becher 2023; Silkenbeumer und Becher 2024).

Ungleichheit

Aktuelle Krisen (Gesundheit, Klima) verstärken dabei bestehende soziale, kulturelle, intergenerationale, ethnische und gesundheitliche Ungleichheiten mehrdimensional (Mau et al. 2023). Empirische Analysen weisen nach, dass Aufstiegs-, Teilhabe- und Integrationsleistungen und der Abbau von Ungleichheit durch Bildung fraglich werden (Nachtwey 2016; El-Mafaalani 2020; Bacher und Moosbrugger 2021). So deuten aktuelle Jugendgenerationen die Möglichkeiten des sozialen Aufstiegs durch Bildung und die formale Chancengleichheit zunehmend skeptischer und kritischer (Becker et al. 2022, S. 37; Mau et al. 2023, S. 87). Auch die Nachfrage von höheren formalen Bildungsabschlüssen transformiert sich: Stieg, z. B. durch die Öffnung des Bildungswesens, die Studienberechtigungsquote von 20,4 % im Jahr 1975 auf 53,5 % in 2012, womit zwar Aufstiegsmöglichkeiten wahrgenommen aber zugleich Bildungstitel als institutionelles kulturelles Kapital und Distinktionsmittel entwertet worden sind, ist diese Quote seit zehn Jahren rückläufig und sank auf 46,3 % 2021 (Statistisches Bundesamt 2023).

Zukunftsentwürfe

Die Forschungslage zu Zukunftsentwürfen im Kontext gesellschaftlicher Ungewissheit bei Jugendlichen und jungen Erwachsenen ist als äußerst rudimentär einzuschätzen. Über mehrere Untersuchungen hinweg wird dabei herausgestellt, dass Jugendliche aktuell verhalten optimistisch in die Zukunft schauen und Klimawandel, Ausgrenzung/Rassismus/Diskriminierung, Inflation sowie Krieg die größten Zukunftssorgen sind (Schleer und Calmbach 2022; Schnetzer et al. 2024; Calmbach 2024, S. 156). Vor allem Jugendliche in sog. prekären Lebenssituationen sehen ihre Zukunft eher oder sehr düster (30 %). Obwohl sich die junge Generation „eher gut" auf die berufliche Zukunft vorbereitet sieht (73 %), sagen nur wenige, dass sie auch bereit für die Arbeitswelt sind und machen sich um Arbeitslosigkeit und Future Readiness sorgen (häufiger Benachteiligte und Mädchen) (Schleer und Calmbach 2022, S. 20–26). Maschke und Stecher (2009) haben auf der Basis quantitativer Erhebungen zu globalen Zukunfts- und Lebensentwürfen Jugendlicher ebenfalls auf die Bedeutung sozioökonomischer und kultureller Ressourcen sowie weiterer „Bewältigungsressourcen" hingewiesen (ebd., S. 168). Dabei wird vermutet, dass „die Sicht auf die gesellschaftliche Entwicklung (und darin vor allem die Sicht auf die Arbeits- und Wirtschaftswelt) sich vornehmlich auf Identitätsprojekte auswirkt, die sich auf die (spätere) Erwerbstätigkeit beziehen, weniger wahrscheinlich auf Identitätsprojekte im Bereich der Familie" (ebd., S. 168 f.). In der aktuellen SINUS-Jugendstudie wird herausgearbeitet, dass für Jugendliche in unsicheren Zeiten neben den universellen Werten wie soziale Geborgenheit (Familie, Freunde und Treue), sozialer Halt und Haltungen (v. a. Toleranz und Altruismus), Leistung und Selbstbestimmung drei Grundorientierungen zentral sind (Calmbach 2023, S. 115 ff.): Absicherung (Autorität, Affirmation und Anschluss), Bestätigung und Benefits (Besitz, Bildung, Balance) sowie Charisma (Creativity, Crossover und Challenges).

▶ **Zusammenfassung des Kapitels** In diesem Kapitel wurden die wichtigsten empirischen Befunde und Erkenntnisse der Jugendforschung zu den zentralen Lebenswelten von Jugendlichen komprimiert dargestellt und auf offene Fragen verwiesen. Aufgezeigt wurde eine Bandbreite an theoretischen und methodischen Zugängen, die für die Jugendforschung kennzeichnend sind. Auf erste empirische Ergebnisse der Forschung zu Jugend und Digitalisierung, Demokratiebildung, Bildung für nachhaltige Entwicklung konnte nicht eingegangen werden (vgl. dazu Krüger et al. 2022). Ebenso wurde auf eine breitere Darstellung sowohl der in Kap. 1 bereits angedeuteten historischen und (jugend-)kulturellen Perspektiven als auch auf Untersuchungen zu typischen Jugendphänomenen und zentralen Differenzkategorien in der Jugendforschung verzichtet. Zu diesen Forschungsfeldern sind folgende Einführungen und Überblickswerke bzw. -artikel zu empfehlen:

▶ **Weiterführende Literatur**

- Geschichte der Jugendforschung (Krüger und Grunert 2022)
- Jugend(sub)kulturen (vgl. die Überblicke Ferchhoff 2011; Richard und Krüger 2010)
- Jugend und Geschlecht (King 2013; Meuser 2022)
- Jugend, Migration und Flucht (Hummrich 2020; Stošić und Diehm 2022).
- Jugend und Gesundheit (Kolip et al. 1995; Pinheiro 2022)
- Jugend und Gewalt (Autrada und Scheu 2009; Sitzer und Heitmeyer 2016)
- Jugend, Ausbildung und Beruf (Stauber 2022)
- Jugend und Politik (Bock und Braches-Chyrek 2022)
- Jugend und Religion (Gennerich und Streib 2020)

Fragen zum Kapitel: Jugend und ihre Lebenswelten

Wählen Sie ein Forschungsfeld des Kapitels aus und entwickeln Sie dazu offene und erzählgenerierende Fragen für Jugendliche! Führen Sie anschließend mit einer*m Jugendlichen ein Interview oder mit einer Gruppe von Jugendlichen eine Gruppendiskussion durch! Berücksichtigen Sie für die Interviewkonzeption und die Auswertung die folgenden Fragen!

1. Wie stellen sich die Jugendliche im Interview dar und wie erfahren sie ihre Lebenswelt(en)?
2. Welche Orientierungen können Sie bei den befragten Jugendlichen herausarbeiten? Welche Ängste, Sorgen und Befürchtungen einerseits und welche Entwürfe, Hoffnungen und Zukunftspläne andererseits werden wie artikuliert?
3. Welche Erkenntnisse konnten Sie persönlich aus dem Interview bzw. der Gruppendiskussion gewinnen?

Literatur

Aßmann, S. (2016). Informelles Lernen mit digitalen Medien in der Schule. In M. Rohs (Hrsg.), Handbuch informelles Lernen (S. 515–527). Wiesbaden: Springer VS.

Albert, M., Hurrelmann, K., & Quenzel, G. (2015). *Jugend 2015. 17. Shell Jugendstudie.* Frankfurt: Fischer Taschenbuch.

Albert, M., Hurrelmann, K., Quenzel, G, Leven, I., Schneekloth, U., Utzmann, H. & Wolfert, S. (2019). Jugend 2019. Eine Generation meldet sich zu Wort. 18. Shell Jugendstudie. Weinheim: Beltz.

Albrecht, C., Freundl, V., Kinne, L., & Stitteneder, T. (2021). ‚Corona Class of 2020': A Lost Generation? *CESifo Forum, 22, 4,* (S. 53–58).

Andresen, S., Lips, A., Möller, R., Rusack, T., Schröer, W., Thomas, S., & Wilmes, J. (2020). *Erfahrungen und Perspektiven von jungen Menschen während der Corona-Maßnahmen.* Universität Hildesheim. https://hildok.bsz-bw.de/frontdoor/index/index/docId/1078 [Zugriff: 05.05.2023].

Autrada, O., & Scheu, B. (Hrsg.). (2009). *Jugendgewalt. Interdisziplinäre Sichtweisen.* Wiesbaden: Springer VS.

Bacher, J., & Moosbrugger, R. (2021). Schrumpfende Bildungserträge in der Mitte. In R. Verwiebe & L. Wiesböck (Hrsg.), *Mittelschicht unter Druck* (S. 70 – 109). Springer VS, Wiesbaden.

Becher, J. (2023). *Psychiatrische Kartierungen des Selbst. Rekonstruktionen adoleszenter Bildungsprozesse zwischen Familie und Jugendpsychiatrie.* Wiesbaden: Springer VS.

Becker, R., Gilgen S., & Anhalt, E. (2022). Bildungsvorstellungen im sozialen Wandel – eine Kohortenanalyse für die Bundesrepublik Deutschland in der Zeit von 1958 bis 2018. *Zeitschrift für Soziologie, 51(1),* (S. 23–40).

Benzel, S., Busch, K., & King, V. (2021). Kindheit, Jugend und Körper. In H.-H. Krüger, C. Grunert & K. Ludwig (Hrsg.) *Handbuch Kindheits- und Jugendforschung* (S. 1–16) Wiesbaden: Springer VS. https://doi.org/10.1007/978-3-658-24801-7_46-1.

BITKOM (2015). *Digitale Schule – vernetztes Lernen. Ergebnisse repräsentativer Schüler- und Lehrerbefragungen zum Einsatz digitaler Medien im Schulunterricht.* BITKOM. Berlin. Online abrufbar unter: https://www.bitkom.org/noindex/Publikationen/2015/Studien/Digitale-SchulevernetztesLernen/BITKOM-Studie-Digitale-Schule-2015.pdf [23.10.2017]

Bock, K., & Braches-Chyrek, R. (2022). Jugend und Politik. In H.-H. Krüger, C. Grunert & K. Ludwig (Hrsg.), *Handbuch Kindheits- und Jugendforschung* (S. 1039–1069). Wiesbaden: Springer Fachmedien.

Böhm-Kasper, O. (2010). Peers und politische Einstellungen von Jugendlichen. In M. Harring, O. Böhm-Kasper, C. Rohlfs, C. Palentien (Hrsg.), *Freundschaften, Cliquen und Jugendkulturen. Peers als Bildungs- und Sozialisationsinstanzen* (S. 261–281). Wiesbaden: Springer VS.

Bohnsack, R. (1989). Generation, Milieu, Geschlecht. Ergebnisse aus Gruppendiskussionen mit Jugendlichen. Opladen: Leske und Budrich.

Böker, K., & Zölch, J. (2017). *Intergenerationale Qualitative Forschung: Theoretische und methodische Perspektiven.* Wiesbaden: VS Verlag.

Bonfadelli, H. et al. (2008). Jugend, Medien und Migration. Empirische Ergebnisse und Perspektiven. Wiesbaden: Springer VS.

Bormann, I. (2023). Die Krise als Chance? Beobachtungen zur Nutzung von Wissen über Ungleichheit im Schulbereich. In D. Frommeld, H. Gerhards, U. Bittner & K. Weber (Hrsg.), Gesellschaften in der Krise. (S. 57 – 82). Wiesbaden: Springer VS.

Bossek, J. F. (2022). Geschwister in Familien. In J. Ecarius & A. Schierbaum (Hrsg.), *Handbuch Familie. Band 1: Gesellschaft, Familienbeziehungen und differentielle Felder* (S. 473–491). Wiesbaden: Springer VS.

Literatur

Breidenstein, G. (2021). Peer-Interaktion und Peer-Kultur im Kontext von Schule. In T. Hascher, TS. Idel, W. Helsper (Hrsg.), *Handbuch Schulforschung* (S. 1–20). Wiesbaden: Springer VS.

Büchner, P. (1983). Vom Befehlen und Gehorchen zum Verhandeln. Entwicklungstendenzen von Verhaltensstandards und Umgangsformen seit 1945. In U. Preuss-Lausitz (Hrsg.), *Kriegskinder, Konsumkinder, Krisenkinder. Zur Sozialisationsgeschichte seit dem Zweiten Weltkrieg* (S.196–212). Weinheim: Beltz.

Büchner, P., & Brake, A. (Hrsg.) (2006). *Bildungsort Familie. Transmission von Bildung und Kultur im Alltag von Mehrgenerationenfamilien*. Wiesbaden: VS Verlag.

Busch, K., & Schreiber, J. (2021). Sich optimieren (müssen) in der Adoleszenz. In U. Deinet, B. Sturzenhecker, L. von Schwanenflügel & M. Schwerthelm (Hrsg.), *Handbuch Offene Kinder- und Jugendarbeit*. Springer VS, Wiesbaden. https://doi.org/10.1007/978-3-658-22563-6_106.

Calmbach, M. (2023). Wie ticken Jugendliche? Das Sinus-Modell für jugendliche Lebenswelten in Deutschland. In B. Barth, B. B. Flaig, N. Schäuble & M. Tautscher (Hrsg.), *Praxis der Sinus-Milieus®* (S. 113–131). Springer VS, Wiesbaden.

Calmbach, M., Borgstedt, S., Borchard, I., & Flaig, P. (2016). *Wie ticken Jugendliche 2016? Lebenswelten von Jugendlichen im Alter von 14 bis 17 Jahren in Deutschland*. Wiesbaden: Springer VS.

Calmbach, M., Flaig, B., Gaber, R., Gensheimer, T., Möller-Slawinski, H., Schleer, C., & Wisniewski, N. (2024). *Wie ticken Jugendliche? SINUS-Jugendstudie 2024. Lebenswelten von Jugendlichen im Alter von 14 bis 17 Jahren*. Bundeszentrale für politische Bildung. Bonn.

Carnicer, J. A. (2017). *Bildungsaufstiege mit Migrationshintergrund. Eine biografische Studie mit Eltern und Söhnen türkischer Herkunft*. Wiesbaden: Springer VS.

Combe, A. & Helsper, W. (1994). Was geschieht im Klassenzimmer? Perspektiven einer hermeneutischen Schul- und Unterrichtsforschung. Weinheim: Deutscher Studienverlag.

Coppola, G., & O'Higgins, S. N. (Ed.) (2016). *Youth and the crisis: Unemployment, education and health in Europe*. London: Routledge.

Deppe, U. (2015). Jüngere Jugendliche zwischen Familie, Peers und Schule. Zur Entstehung von Bildungsungleichheit in außerschulischen Bildungsorten. Wiesbaden: Springer VS.

DIVSI (2014). *DIVSI U25-Studie. Kinder, Jugendliche und Erwachsene in der digitalen Welt. Deutsches Institut für Vertrauen und Sicherheit im Internet. Internet-Dokument.* Hamburg. Online abrufbar unter: https://www.divsi.de/wpcontent/uplo-ads/2014/02/DIVSI-U25-Studie.pdf [11.10.2017].

DIVSI (2016). *DIVSI Internet-Milieus 2016. Die digitalisierte Gesellschaft in Bewegung. Deutsches Institut für Vertrauen und Sicherheit im Internet. Internet-Dokument.* Hamburg. Online abrufbar unter: https://www.divsi.de/wp-content/uploads/2016/06/DIVSI-Internet-Milieus-2016.pdf [11.10.2017]

Ecarius, J. (2010). Jugend und Familie. In H.-H. Krüger & C. Grunert (Hrsg.), *Handbuch der Kindheits- und Jugendforschung* (S. 569–594). (2. Aufl.). Wiesbaden: Springer VS.

Ecarius, J., Berg, A., Serry, K., & Oliveras, R. (2017). *Spätmoderne Jugend – Erziehung des Beratens – Wohlbefinden*. Wiesbaden: Springer VS.

Eisentraut, S. (2016). *Mobile Interaktionsordnungen im Jugendalter. Zur Soziologie des Handygebrauchs*. Weinheim: Beltz Juventa.

El-Mafaalani, A. (2020). *Mythos Bildung. Die ungerechte Gesellschaft, ihr Bildungssystem und seine Zukunft*. Köln: Kiepenheuer & Witsch.

Fend, H. (1997). *Der Umgang mit Schule in der Adoleszenz. Aufbau und Verlust von Lernmotivation, Selbstachtung und Empathie.* Bern et al.: Bernd Huber Verlag.

Fend, H. (1998). *Eltern und Freunde. Soziale Entwicklung im Jugendalter.* Bern: Hans Huber.

Ferchhoff, W. (2011). *Jugend und Jugendkulturen im 21. Jahrhundert. Lebensformen und Lebensstile.* 2. Aufl. Wiesbaden: VS Verlag.

Fraij, A., Maschke, S., & Stecher, L. (2015). Die Scholarisierung der Jugendphase – ein Zeitvergleich. *Diskurs Kindheits- und Jugendforschung,* 2, S. 167–182.

Fuchs, M., Lamnek, S., Luedtke, J., & Baur, N. (2009). *Gewalt an Schulen. 1994 – 1999 – 2004.* Wiesbaden: Springer VS.

Gennerich, C., & Streib, H. (2020). Jugend und Religion In H.-H. Krüger, C. Grunert & K. Ludwig (Hrsg.), Handbuch Kindheits- und Jugendforschung (S. 1–21). Wiesbaden: Springer VS.

Graber, J. (2024). „Wandel fängt mit Bildung an!" – diskursanalytische Studie und erziehungswissenschaftliche Reflexion der ‚Public Climate School'. In H. Kminek, M. Singer-Brodowski, V. Holz (Hrsg.), *Bildung für eine nachhaltige Entwicklung im Umbruch? Beiträge zur Theorieentwicklung angesichts ökologischer, gesellschaftlicher und individueller Umbrüche* (S. 103–122) Opladen, Berlin & Toronto: Verlag Barbara Budrich.

Gravelmann, R. (2022). *Jugend in der Krise. Die Pandemie und ihre Auswirkungen.* Weinheim: Beltz Juventa.

Griese, H., & Mansel, J. (2003). Jugendtheoretische Diskurse. In A. Scherr, H. M. Griese, J. Mansel (Hrsg.), *Theoriedefizite der Jugendforschung. Standortbestimmung und Perspektiven* (S. 11–30). Weinheim und München: Juventa.

Grunert, C. & Pfaff, N. (2020). Jugendforschung zwischen Jugendkulturforschung und Schulforschung – disziplinkritische Beobachtungen. In A. Gibson, M. Hummrich & R.-T. Kramer (Hrsg.), Rekonstruktive Jugend(kultur)forschung (S. 77–94). Wiesbaden: Springer VS.

Hafeneger, B. (2023). Aufwachsen in Krisenzeiten: Jugendliche zwischen Klimakrise, Pandemie und Krieg. *Journal für politische Bildung,* 13(1), 40–45.

Hagedorn, J. (Hrsg.) (2014). *Jugend, Schule und Identität.* Wiesbaden: Springer VS.

Hagedorn, J. (2017). Schuljugend im Online-Tagebuch. Das Schreiben über sich selbst als Vergegenwärtigung und Bewältigung schulischer Alltagsproblematiken. In G. Taube, M. Fuchs, T. Braun (Hrsg.), *Handbuch „Das Starke Subjekt": Schlüsselbegriffe in Theorie und Praxis* (S. 293–308). München: Kopaed.

Harring, M. (2011). *Das Potenzial der Freizeit. Soziales, kulturelles und ökonomisches Kapital im Kontext heterogener Freizeitwelten Jugendlicher.* Wiesbaden: Springer VS.

Harring, M. & Schenk, D. (2018). Das Konstrukt „Jugend" – eine kritische Betrachtung. In A. Kleeberg-Niepage & S. Rademacher (Hrsg.), Kindheits- und Jugendforschung in der Kritik (S. 111–126). Wiesbaden: Springer.

Heinz, W. R. (2011). Jugend im gesellschaftlichen Wandel: soziale Ungleichheiten von Lebenslagen und Lebensperspektiven. In Krekel, Elisabeth M., Lex, Tilly (Hrsg.), *Neue Jugend, neue Ausbildung? Beiträge aus der Jugend- und Bildungsforschung* (S. 15–30). Bielefeld: Bertelsmann.

Helsper, W. (1983). Subjektivität und Schule. Über den Versuch, in der Schule (k)ein Subjekt sein zu dürfen. In W. Breyvogel & H. Wenzel (Hrsg.), *Subjektivität und Schule Pädagogisches Handeln zwischen subjektivem Sinn und institutioneller Macht* (S. 29–48). Essen: Neue Deutsche Schule.

Helsper, W. (1989). Jugendliche Gegenkultur und schulisch-bürokratische Rationalität: Zur Ambivalenz von Individualisierungs- und Informalisierungsprozessen. In W. Breyvogel (Hrsg.), *Pädagogische Jugendforschung* (S. 161–185). Opladen: Leske und Budrich.

Helsper, W. (2008a). Der Bedeutungswandel der Schule für Jugendleben und Jugendbiografie. In C. Grunert & H.-J. v. Wensierski (Hrsg.), *Jugend und Bildung. Modernisierungsprozesse und Strukturwandel von Erziehung und Bildung am Beginn des 21. Jahrhunderts* (135–163). Opladen: Budrich.

Helsper, W. (2008b). Schülerbiografie und Schulkarriere. In W. Helsper & J. Böhme (Hrsg.), *Handbuch der Schulforschung* (S. 903–920). 2. Aufl. Wiesbaden: Springer VS.

Helsper, W., & Böhme, J. (2002). Jugend und Schule. In H.-H. Krüger, C. Grunert, K. Ludwig (Hrsg.), *Handbuch der Kindheits- und Jugendforschung* (S. 567–596). Opladen: Budrich.

Helsper, W., Busse, S., Hummrich, M. & Kramer, R.-T. (2009). *Jugend zwischen Familie und Schule? Eine Studie zu pädagogischen Generationsbeziehungen.* Wiesbaden: Springer VS.

Helsper, W., & Breyvogel, W. (1989). Selbstkrise, Suizidmotive und Schule. Zur Suizidproblematik und ihrem historischen Wandel in der Adoleszenz. *Zeitschrift für Pädagogik*, 35 (1), (23–43).

Heyer, R., Palentien, C., & Gürlevik, A. (2012). Peers. In U. Bauer, U. Bittlingmayer & A. Scherr (Hrsg.), *Handbuch Bildungs- und Erziehungssoziologie* (S. 983–999). Wiesbaden: Springer VS.

Hoffmann, N. F. (2016). *Szene und soziale Ungleichheit. Habituelle Stile in der Techno/Elektro-Szene.* Wiesbaden: Springer VS.

Hummrich, M. (2020). Jugend, Flucht und Migration. In L. Puchert, A. Schwertfeger & M. Neubauer (Hrsg.), *Jugend im Blick der erziehungswissenschaftlichen Forschung – Perspektiven, Lebenswelten und soziale Probleme* (S. 179–190). Opladen: Budrich.

Hugger, K.-U. (2020). Erziehungswissenschaftliche Jugendmedienforschung. In C. Grunert, K. Bock, N. Pfaff & W. Schröer (Hrsg.), Erziehungswissenschaftliche Jugendforschung. Ein Aufbruch (S. 113–128). Wiesbaden: Springer VS.

Kaman, A., Devine, J., Wirtz, M. A, Erhart, M., Boecker, M., Napp, A. K., Reiss, F., Zoellner, F., & Ravens-Sieberer, U. (2024). Trajectories of mental health in children and adolescents during the COVID-19 pandemic: findings from the longitudinal COPSY study. *Child Adolesc Psychiatry Ment Health.18(1).*

King, V. & Koller, C. (Hrsg.) (2009). Adoleszenz – Migration – Bildung. Bildungsprozesse Jugendlicher und junger Erwachsener mit Migrationshintergrund. Wiesbaden: Springer VS.

King, V. (2010). Adoleszenz und Ablösung im Generationenverhältnis: theoretische Perspektiven und zeitdiagnostische Anmerkungen. *Diskurs Kindheits- und Jugendforschung*, 5(1), (9–20).

King, V. (2013). *Die Entstehung des Neuen in der Adoleszenz. Individuation, Generativität und Geschlecht in modernisierten Gesellschaften.* Wiesbaden: Springer VS.

Köller, O., & Möller, J. (1995). Kontrafaktisches Denken nach schulischen Erfolgen und Mißerfolgen. *Zeitschrift für Pädagogische Psychologie*, 9, (105–110).

Kolip, P., Hurrelmann, K., & Schnabel, P. (Hrsg.) (1995). *Jugend und Gesundheit.* Weinheim: Juventa.

Kramer, R.-T. (2002). *Schulkultur und Schülerbiographien. Das „schulbiographische Passungsverhältnis".* Opladen: Leske und Budrich.

Kramer, R.-T., Helsper, W., Thiersch, S., & Ziems, C. (2013). *Das 7. Schuljahr. Wandlungen des Bildungshabitus in der Schulkarriere?* Wiesbaden: VS.

Krause, N., Ballaschk, C., Schulze-Reichelt, F., Kansok-Dusche, J., Wachs, S., Schubarth, W., & Bilz, L. (2021). „Ich lass mich da nicht klein machen!" Eine qualitative Studie zur Bewältigung von Hatespeech durch Schüler/innen. *Zeitschrift für Bildungsforschung*, 11, (169–185).

Krüger, H.-H., Köhler, S.-M., Zschach, M., & Pfaff, N. (2008). *Kinder und ihre Peers. Freundschaftsbeziehungen und schulische Bildungsbiographien.* Opladen/Farmington Hills: Barbara Budrich.

Krüger, H.-H., Deinert, A., & Zschach, M. (2012). *Jugendliche und ihre Peers. Freundschaftsbeziehungen und Bildungsbiografien in einer Längsschnittperspektive.* Opladen: Barbara Budrich.

Krüger, H.-H., & Deppe, U. (2014). Habitustransformationen von Schülerinnen im Verlauf der Sekundarstufe I und die Bedeutung der Peers. In W. Helsper, R.-T. Kramer & S. Thiersch (Hrsg.), *Schülerhabitus. Theoretische und empirische Analysen zum Bourdieuschen Theorem der kulturellen Passung* (S. 250–273). Wiesbaden: Springer VS.

Krüger H.-H., & Grunert C. (2022). Historische Entwicklung und zukünftige Herausforderungen der Kindheits- und Jugendforschung. In H.-H. Krüger, C. Grunert, K. Ludwig (Hrsg.), *Handbuch Kindheits- und Jugendforschung* (S. 7–51). Wiesbaden: Springer VS.

Krüger, C., Grunert, K. & Ludwig, K. (Hrsg.) (2022). *Handbuch Kindheits- und Jugendforschung* Wiesbaden: Springer VS.

Labede, J. (2019). *Bildungsbiografische Diskontinuitäten. Zur Krisenförmigkeit von Schulwechseln in der Adoleszenz.* Wiesbaden: Springer VS.

Labede, J., Silkenbeumer, M., Thiersch, S., & Wernet, A. (2020). Selbstpositionierungen im Bildungsaufstieg – Bildungsselbst, Familiale Dynamiken und adoleszente Transformationsprozesse. In S. Thiersch, M. Silkenbeumer & J. Labede (Hrsg.), *Individualisierte Übergänge. Aufstiege, Abstiege und Umstiege im Bildungssystem* (S.185–205). Wiesbaden: Springer VS.

Lauffer, J. & Röllecke, R. (Hrsg.) (2014). *Lieben, Liken, Spielen. Digitale Kommunikation und Selbstdarstellung Jugendlicher heute. Medienpädagogische Konzepte und Perspektiven.* München: kopaed.

Leven, I., Quenzel, G., & Hurrelmann, K. (2010). Familie, Schule, Freizeit: Kontinuitäten im Wandel. In M. Albert, K. Hurrelmann & G. Quenzel (Hrsg.), *Jugend 2010. Eine pragmatische Generation behauptet sich* (S. 53–128). Frankfurt: Fischer-Taschenbuch-Verlag.

Leven, I., Quenzel, G., & Hurrelmann, K. (2015). Familie, Bildung, Beruf Zukunft: Am liebsten alles. In Shell Deutschland Holding (Hrsg.), *Jugend 2015. Eine pragmatische Generation im Aufbruch* (S. 47–110). Frankfurt a. M.: Fischer Taschenbuch Verlag.

Leven, I., & Schneekloth, U. (2015). Freizeit und Internet: Zwischen klassischem ‚Offline' und neuem Sozialraum. In Jugendwerk der deutschen Shell (Hrsg.), *Jugend 2015* (S. 111–151). Frankfurt a.M.: Fischer Taschenbuch Verlag.

Liebsch, K. (2012). *Jugendsoziologie. Von Teenagern, Adoleszenten und neuen Generationen.* München: Oldenbourg Verlag.

Luca, R. (Hrsg.) (2003). *Medien. Sozialisation. Geschlecht: Fallstudien aus der sozialwissenschaftlichen Forschungspraxis.* München: kopaed.

Maschke, S. & Stecher, L. (2009). Perspektiven von Jugendlichen auf die gesellschaftliche und persönliche Zukunft. In Diskurs Kindheits- und Jugendforschung. 4(2), 153–171.

Maschmann, T. (2021). *Bildungsaufstieg, Biografie und familiale Figuration*. Wiesbaden: Springer VS.

Mau, S., Lux, T., & Westheuser, L. (2023). *Triggerpunkte. Konsens und Konflikt in der Gegenwartsgesellschaft*. Berlin: Suhrkamp.

McLuhan, M. (1970). Understanding Media. Die magischen Kanäle. Frankfurt a. M.: Fischer.

Meuser, M. (2022). Kindheit, Jugend und Geschlecht. In H.-H. Krüger, C. Grunert und K. Ludwig (Hrsg.), *Handbuch Kindheits- und Jugendforschung* (S. 1385–1407). Wiesbaden: Springer VS.

Mikos, L., Hoffmann, D. & Winter, R. (Hrsg.) (2009). Mediennutzung, Identität und Identifikationen: Die Sozialisationsrelevanz der Medien im Selbstfindungsprozess von Jugendlichen. Weinheim: Juventa.

MPFS – Medienpädagogischer Forschungsverbund Südwest (2021). *JIM-Studie 2021. Jugend, Information, (Multi-)Media*. Stuttgart: Landesanstalt für Kommunikation Baden-Württemberg.

MPFS – Medienpädagogischer Forschungsverbund Südwest (2023). *JIM-Studie 2023. Jugend, Information, (Multi-)Media*. Stuttgart: Landesanstalt für Kommunikation Baden-Württemberg.

Münchmeier, R. (2007). Jugend und Familien. In J. Ecarius (Hrsg.), *Handbuch Familie* (S. 260–269). Wiesbaden: VS.

Nachtwey, O. (2016). *Die Abstiegsgesellschaft: Über das Aufbegehren in der regressiven Moderne*. Frankfurt a.M.: Suhrkamp.

Neuenschwander, M. P. (1999). Zur Bedeutung der Eltern für Motivation und Schulleistung im Jugendalter. *Schweizer Schule*, 10, (3–10).

Nittel, D. (1992). *Gymnasiale Schullaufbahn und Identitätsentwicklung: eine biographieanalytische Studie*. Weinheim: Dt. Studienverlag.

Pekrun, R. (1983). *Schulische Persönlichkeitsentwicklung. Theorieentwicklungen und empirische Erhebungen zur Persönlichkeitsentwicklung von Schülern der 5. bis 10. Klassenstufe*. Frankfurt a. M.: Lang.

Pekrun, R. (1993). Entwicklung von schulischer Aufgabenmotivation in der Sekundarstufe: Ein erwartungswerttheoretischer Ansatz. *Zeitschrift für Pädagogische Psychologie, 7*, (S. 87–97).

Pfaff, N. (2006). *Jugendkultur und Politisierung. Eine multimethodische Studie zur Entwicklung politischer Orientierungen im Jugendalter*. Wiesbaden: Springer VS.

Pfaff, N. (2015). Erziehungswissenschaftliche Jugendforschung am Neubeginn? Aktuelle Gegenstandsfelder und Perspektiven in der Forschung zu Jugend. In S. Sandring, W. Helsper & H.-H. Krüger (Hrsg.), Jugend. Theoriediskurse und Forschungsfelder (S. 36–56). Wiesbaden: Springer VS.

Pinheiro, P. (2022). Kindheit, Jugend und Gesundheit. In H.-H. Krüger, C. Grunert und K. Ludwig (Hrsg.), Handbuch Kindheits- und Jugendfor-schung (S. 1176–1196). Wiesbaden: Springer VS.

Prahl, H.-W. (2010). Soziologie der Freizeit. In G. Kneer & M. Schroer (Hrsg.), *Handbuch Spezielle Soziologien* (S. 405–420). Wiesbaden: VS Verlag für Sozialisationsinstanzen.

Quandt, T. & Kröger, S. (2014). Digitale Spiele und (Jugend-)Kultur. In K.-U. Hugger (Hrsg.), Digitale Jugendkulturen (S. 231–250). Wiesbaden: Springer VS.

Rademacher, S. & Tressat, M. (2022). Alltag in der Krise. Psychosoziale Herausforderungen und adoleszente Positionierungen in Zeiten von Corona. In J. Budde, D. Lengyel, Drorit, C. Böning, C. Claus, N. Weuster, K. Doden & T. Schroedler (Hrsg.), *Schule in Distanz – Kindheit in Krise* (S. 97-123). Wiesbaden: Springer VS.

Reiß, F., Behn, S., Erhart, M., Strelow, L., Kaman, A., Ottova-Jordan, V., Bilz, L., Moor, I., & Ravens-Sieberer, U. (2024). Subjektive Gesundheit und psychosomatische Beschwerden von Kindern und Jugendlichen in Deutschland: Ergebnisse der HBSC-Studie 2009/10 – 2022. Journal of Health Monitoring. 9(1).

Reißmann, W. & Hoffmann, D. (2017). Mediatisierung und Mediensozialisation. Überlegungen zum Verhältnis zweier Forschungsfelder. In D. Hoffmann, F. Krotz & W. Reißmann (Hrsg.), Mediatisierung und Mediensozialisation. Prozesse – Räume – Praktiken (S. 59–78). Wiesbaden: Springer VS.

Richard, B., & Krüger, H.-H. (2010). *Intercool 3.0. Jugend Bild Medien. Ein Kompendium zur aktuellen Jugendkulturforschung*. München: W. Fink.

Schäffer, B. (2003). Generationen – Medien - Bildung. Medienpraxiskulturen im Generationenvergleich. Opladen: Leske und Budrich.

Schleer, C., & Calmbach, M. (2022). *Berufsorientierung Jugendlicher in Deutschland. Erwartungen, Sorgen und Bedarfe*. Berlin: Springer VS

Schmeiser, M. (2003). *Missratene Söhne und Töchter: Verlaufsformen des sozialen Abstiegs in Akademikerfamilien*. Konstanz: UVK.

Schorb, B. (1997). Sozialisation. In J. Hüther, B. Schorb & C. Brehm-Klotz (Hrsg.), Medienpädagogik (S. 335–341). München: kopaed.

Schorb, B. (2006). Identitätsbildung in der konvergenten Medienwelt. In U. Wagner & H. Theunert (Hrsg.), Neue Wege durch die konvergente Medienwelt. Studie im Auftrag der Bayrischen Landeszentrale für neue Medien (S. 149–160). BLM-Schriftenreihe Bd. 85. München: kopaed.

Schorb, B. & Demmler, K. (Hrsg.) (2017). Hass und Hetze im Netz. München: merz.

Senkbeil, M., Drossel, K., Eickelmann, B., & Vennemann, M. (2019). Soziale Herkunft und computer- und informationsbezogene Kompetenzen von Schülerinnen und Schülern im zweiten internationalen Vergleich. In B. Eickelmann, W. Bos, J. Gerick, F. Goldhammer, H. Schaumburg, K. Schwippert, M. Senkbeil, & J. Vahrenhold (Hrsg.), *ICILS 2018 #Deutschland – Computer- und informationsbezogene Kompetenzen von Schülerinnen und Schülern im zweiten internationalen Vergleich und Kompetenzen im Bereich Computational Thinking* (S. 301–333). Münster: Waxmann.

Silkenbeumer, M., & Wernet, A. (2012). *Die Mühen des Aufstiegs. Fallrekonstruktionen zur subjektiven Bewältigung des Schulformwechsels*. Opladen/Farmington Hills: Budrich.

Silkenbeumer, M., Thiersch, S., & Labede, J. (2017). Zur Aneignung des Schulaufstiegs im Kontext adoleszenter Individuation und familialer Interaktion. *Diskurs Kindheits- und Jugendforschung*, 12(3), (S. 343–360).

Silkenbeumer, M., & Becher, J. (2024). Grenzverläufe generationaler (Für-)Sorge, Normierung und Kontrolle – Aushandlungen von Angewiesenheit im Kontext ‚psychischer Erkrankungen' in der Adoleszenz. *Zeitschrift für Pädagogik*. Beiheft zum Thema „Jugend(en)" (S. 233–252).

Sitzer, P. (2015). Cybermobbing. In W. Melzer, D. Herrmann, U. Sandfuchs, M. Schäfer, W. Schubarth, P. Daschner (Hrsg.), *Handbuch Aggression, Gewalt und Kriminalität bei Kindern und Jugendlichen* (S. 295–298). Bad Heilbrunn: Verlag Julius Klinkhardt.
Sitzer, P., & Heitmeyer, W. (2016) Aggression, Gewalt und Mobbing unter Gleichaltrigen. In S.-M. Köhler, H.-H. Krüger & N. Pfaff (Hrsg.), *Handbuch Peerforschung* (S. 261–273). Opladen, Berlin, Toronto: Barbara Budrich.
Statistisches Bundesamt (2023). Anteil der Studienberechtigten an der altersspezifischen Bevölkerung. Unter: https://www.datenportal.bmbf.de/portal/de/Tabelle-2.5.85.html
Stauber, B. (2022). Jugend, Ausbildung und Beruf. In H.-H. Krüger, C. Grunert & K. Ludwig (Hrsg.), *Handbuch Kindheits- und Jugendforschung* (S. 821–843). Wiesbaden: Springer VS.
Stein, M. (2013). *Jugend in ländlichen Räumen. Die Landjugendstudie 2010.* Bad Heilbrunn: Klinkhardt.
Stošić, P., Diehm, I. (2022). Kindheit, Jugend, transnationale Migration. In H.-H. Krüger, C. Grunert und K. Ludwig (Hrsg.), Handbuch Kindheits- und Jugendfor-schung (S. 1335–1356). Wiesbaden: Springer VS.
Svensson, A., & Wahlström, M. (2023). Climate chance or what? Prognostic framing by Fridays für Future protesters. *Social Movement Studies, 22, (1)* (S. 1–22). https://doi.org/10.1080/14742837.2021.1988913.
Thiersch, S., & Silkenbeumer, M. (2021). Familie und Schule. In T. Hascher, W. Helsper, T.-S. Idel (Hrsg.), *Handbuch Schulforschung* (S. 575–597). Wiesbaden: Springer VS.
Thiersch, S. (2025, i.E.). Selbstpositionierungen und Bewältigungsformen von Jugendlichen in Krisen. In S. Nonte, C. Reintjes, E. Gromme & Karutz, H (Hrsg.), *Regionale Perspektiven von Kindern und Jugendlichen in Zeiten von Schulschließungen, Isolation und Quarantäne.* Münster: Waxmann.
Thole, W., & Schoneville, H. (2010). Jugendliche in Peer Groups und soziale Ungleichheit. In M. Harring, O. Böhm-Kasper, C. Rohlfs, & C. Palentien (Hrsg.), *Freundschafen, Cliquen und Jugendkulturen. Peers als Bildungs- und Sozialisationsinstanzen* (S. 141–165). Wiesbaden: VS Verlag für Sozialwissenschaften.
Tishelman, C., Degen, J.L., Weiss Goitiandía, S., Kleijberg, M. & Kleeberg-Niepage, A. (2022). A qualitative serial analysis of drawings by thirteen- to fifteen-year-old adolescents in Sweden about the first wave of the Covid-19 pandemic. *Qualitative Health Research, 32(8-9),* (S. 1370–1385).
Treumann, K.P., Meister, D.M., Sander, U., Burkatzki, E., Hagedorn, J., Kämmerer, M., Strotmann, M., & Wegener, C. (2007). *Medienhandeln Jugendlicher. Mediennutzung und Medienkompetenz. Bielefelder Medienkompetenzmodell.* Wiesbaden: VS Verlag für Sozialwissenschaften.
Wachs, S., Schubarth, W., & Bilz, L. (2020). Hate Speech als Schulproblem? In I. van Ackeren, H. Bremer, F. Kessl, H.C. Koller, N. Pfaff, C. Rotter, D. Klein & U. Salaschek (Hrsg.), *Bewegungen: Beiträge zum 26. Kongress der Deutschen Gesellschaft für Erziehungswissenschaft* (S. 223–236). Opladen: Barbara Budrich.
Walper, S., Reim, J., Schunke, A., Berngruber, A., & Alt, P. (2021). *Die Situation Jugendlicher in der Corona-Krise.* https://www.dji.de/veroeffentlichungen/literatursuche/detailansicht/literatur/30354-die-situation-jugendlicher-in-der-corona-krise.html [Zugriff: 13.09.2022].

Wegener, C. (Hrsg.) (2008). Medien, Aneignung und Identität. „Stars" im. Alltag jugendlicher Fans. Wiebaden: Springer VS.

Wellendorf, F. (1974). *Schulische Sozialisation und Identität*. Weinheim/Basel: Beltz.

Wendt, H., Vennemann, M, Schwippert, K., & Drossel, K. (2014). Soziale Herkunft und computer- und informationsbezogene Kompetenzen von Schülerinnen und Schülern im internationalen Vergleich. In W. Bos, B. Eickelmann, J. Gerick, F. Goldhammer, H. Schaumburg, K. Schwippert, M. Senkbeil, R. Schulz-Zander & H. Wendt (Hrsg.), *ICILS 2013. Computer- und informationsbezogene Kompetenzen von Schülerinnen und Schülern in der 8. Jahrgangsstufe im internationalen Vergleich* (S. 265–296). Münster: Waxmann.

Willis, P. (1979). Spaß am Widerstand. Gegenkultur in der Arbeiterschule. Frankfurt/M.: Syndikat.

3 Jugend zwischen Altem und Neuem – Fallrekonstruktionen

▶ Wie in der Einleitung umrissen, geht dieses Buch von einer wissenschaftlichen und – für das pädagogische Handeln – praktischen Signifikanz des Begriffs Jugend aus. Das folgende Kapitel fokussiert die Relevanz und Eigenlogiken dieser Phase, Form und Norm in drei zentralen Lebensbereichen. Nach einer Einführung in die qualitative Jugendforschung (Abschn. 3.1) stehen exemplarische Fallrekonstruktionen im Zentrum, die Jugend und jugendliche Subjektivität in ihrer Herstellung bezüglich der Aushandlungen in der familialen Interaktion (Abschn. 3.2), der Peer-Erfahrungen zum Gebrauch digitaler Medien im schulischen Kontext (Abschn. 3.3) und der Deutung und Verarbeitung einer gesellschaftlichen Krise (Abschn. 3.4) herausarbeiten. Auf Basis der Ergebnisse sollen im anschließenden vierten Kapitel eine strukturelle Bestimmung von Jugend erfolgen.

3.1 Kurze Einführung in die qualitative Jugendforschung

Mit der Entstehung der Jugend als eigenständige Lebensphase, wie es sich bspw. in der Gründung der Jugendbewegung dokumentiert (vgl. Kap. 1), setzt auch eine intensivere Erforschung von Jugend ein. Die ersten Untersuchungen über die Lebenswelten von Jugendlichen wählen einen offenen und explorativen Zugang, um die spezifischen Entwicklungs-, Handlungs- Denk- und Wahrnehmungsformen der Heranwachsenden in diesem Lebensalter zu erschließen und zu verstehen. Es werden gegenstandsbezogen Methodologien und Methoden entwickelt, die Perspektiven, Sinnzusammenhänge, Wissensformen und Deutungsmuster aufschließen. Mit diesen Studien zu Jugendlichen Anfang des 20. Jahrhunderts sind die Ursprünge und Wurzeln der qualitativen Forschung eng verbunden. Die soziologisch orientierten Untersuchungen der sog. „Chicagoer Schule" erforschen soziale Integrationsprozesse aber auch deviantes Verhalten und delinquente Karrieren von Jugendlichen im Wandel von der traditionalen zur modernen industriellen Gesellschaft. In der ethnografischen Feldforschung werden Interviews und Dokumente von Jugendlichen herangezogen und biografische Analysen jugendlicher Lebensgeschichten durchgeführt (z. B. Shaw 1966; Thrasher 1968). In der entwicklungspsychologischen Tagebuchforschung studieren bspw. Charlotte Bühler (1922) und Siegfried Bernfeld (1931) aus psychoanalytischer und pädagogischer Perspektive Tagebücher von Jungen und Mädchen, um das Seelenleben in der Adoleszenz zu rekonstruieren und auf dieser Grundlage eine Theorie der jugendlichen Entwicklung zu formulieren.

In den Nachkriegsjahren wandeln sich die sozial- und erziehungswissenschaftlichen Forschungs- und Erkenntnisinteressen und Jugend wird zunehmend mit standardisierten quantitativen Erhebungs- und Auswertungsinstrumenten erforscht. Die großen Langzeituntersuchungen, wie die Shell-Jugendstudien (bereits seit 1953 bis heute), analysieren systematisch und umfassend Einstellungen und Wertorientierungen in relevanten Lebensbereichen von Jugendlichen (z. B. Familie, Politik, Religion, Medien). In dieser globalen Erfassung produzieren diese Untersuchungen aber generationale Labels und Etiketten, beispielsweise als skeptische, narzisstische, verunsicherte oder pragmatische Jugendgeneration. Angesichts des Strukturwandels von Jugend in der (post-)modernen Gesellschaft, den diversen und pluralen Lebensformen und -praxen und den unterschiedlichen Erwartungen, die an Jugendliche gerichtet werden, sind diese Schreibweisen und Narrative *über* Jugend in ihrem Differenzierungsgrad und ihrer Aussagekraft zu hinterfragen. Gleichwohl prägen sie lange Zeit das Bild über Jugendliche sowohl in der Jugendforschung als auch in der Öffentlichkeit (Reinders 2016, S. 56). Mey (2018) kritisiert diese standardisierte und homogenisierende Erforschung und Theoretisierung von Jugend, z. B. anhand der Bestimmung von Altersperioden oder in der Verbindung mit den Jahreszahlen der Befragung, und plädiert für eine subjektorientierte Jugendforschung, die jugendliche Selbstverständnisse, Sinnkonstruktionen und Orientierungen ins Zentrum rückt. In den Fokus des Erkenntnisinteresses rückt, was Jugendliche selbst, untereinander und mit ihren relevanten Bezugspersonen der sozialen und pädagogischen Wirklichkeit als Jugend(en) konstruieren und aus-

3.1 Kurze Einführung in die qualitative Jugendforschung

handeln. Zu fragen ist demnach, wie Jugendliche die je aktuellen sozialen, kulturellen und gesellschaftlichen Verhältnisse erfahren und deuten, wie sie diese gestalten bzw. erneuern aber auch reproduzieren und stabilisieren. Dabei sind diese Wirklichkeitskonstruktionen historisch, soziokulturell und gesellschaftlich einzubetten (vgl. Abschn. 1.3). Um die Perspektiven und Praktiken nachzeichnen zu können, hat sich eine *qualitativ-rekonstruktive Jugendforschung* etabliert (Böhme et al. 2015). Jugendforschung wird hier als wissenschaftlich systematische Rekonstruktion der alltäglichen Konstruktion von Jugenden verstanden (Bohnsack 1989). Die Interpretationen und Deutungen der Jugendlichen werden im Sinne eines Verstehens des Verstehens methodisch kontrolliert herausgearbeitet. Die folgenden Fallrekonstruktionen schließen an diesen Zugang in der Jugendforschung an.

Transkriptionshinweise zum Lesen der Fallbeispiele (Przyborski und Wohlrab-Sahr 2008, S. 166–168)

(.)	Kurze Pause beim Sprechen, Zeiteinheiten bis knapp unter einer Sekunde
(2)	Anzahl der Sekunden einer Sprechpause
Ja	Betonung
Ja	Sprecher/Sprecherin spricht lauter in Relation zur sonstigen Lautstärke
°ja°	Sehr leise gesprochen
.	Stark sinkende Intonation
;	Schwach sinkende Intonation
,	Leicht steigende Intonation
?	Deutliche Frageintonation
De-	Abbruch eines Wortes
Oh=nee	Zwei oder mehr Worte, die wie eines gesprochen werden
Ja::::::	Dehnung von Lauten. Häufigkeit der Doppelpunkte ≙ Länge d. Dehnung
Kursiv	schnell gesprochen
(doch)	Schwer verständliche Äußerung//Unsicherheit bei der Transkription
( )	Unverständliche Äußerung. Länge der Klammer ≙ Dauer der Äußerung ((atmet stark aus)) Anmerkungen zu nichtverbalen Ereignissen
@ja@	Lachend gesprochene Äußerung
@(.)@	Kurzes Auflachen
L_	Beginn einer Überlappung beim Sprechen
//mhm//	Hörersignal der Interviewerin (im Text der Interviewten bei minimaler Pause)
*	Name/Bezeichnung geändert
M	Interviewpartner
Y	Interviewerin

3.2 Jugend in der familialen Interaktion

In der Familie wird Jugend vor allem in der Adoleszenzphase in den generationalen Beziehungen und Interaktion zwischen Eltern und ihren Kindern hergestellt. Die Adoleszenz, die den Ablösungsprozess von erwachsenen Bezugspersonen, vor allem von den Eltern, und die Individuationsschritte von Jugendlichen beschreibt, ist als ein psychosozialer Möglichkeitsraum zu verstehen (King 2013). In diesem können Kindheitserfahrungen und psychische Strukturen durch die Neugestaltung der Beziehungen zu Erwachsenen und zu Peers und einer damit einhergehenden reflexiven Auseinandersetzung mit dem eigenen Leben überprüft, modifiziert und korrigiert werden. Der Übergang von der Kindheit zum Erwachsenen-Sein wird – sozialisationstheoretisch betrachtet – in erster Linie in der Familie vollzogen, weil Sinn- und Lebensfragen z. B. über den Lebensstil und die berufliche Zukunft hier als Frage der Weitergabe des sozialen und kulturellen Erbes ausgehandelt werden. Die alltäglichen elterlichen und von den Geschwistern oftmals flankierten Zuschreibungen, Adressierungen und Anerkennungen als sogenannte pubertierende Kinder in den Verhandlungen zur (Un-)Mündigkeit, Autonomie und Abhängigkeit (z. B. in Fragen von Freizeitaktivitäten und -zeiten, Bildung, Konsumverhalten etc.) verweisen auf eine qualitative Differenz zur Kindheit (vgl. Abschn. 4.3). Insbesondere in der Familie werden Kinder zu Jugendlichen gemacht, weil in der Adoleszenz zwischen Kindheit und Erwachsenenwelt die Umgestaltung der Beziehungen und die damit einhergehenden Konflikte, Projektionen und Identifizierungen mit der Lebens- und Entwicklungsphase Jugend begründet werden. Gleichzeitig müssen sich Jugendliche unabhängiger von der Anerkennung der generational Anderen und hier vor allem der Eltern machen und werden Anerkennungserfahrungen unter den Peers wichtiger. Dabei sind auch die Eltern – zumindest latent – mit ihrer Jugendzeit (schulisch wie außerschulisch) und mit nicht verwirklichten Lebensthemen, -wünschen und -projekten und versäumten Möglichkeiten konfrontiert, an die ihre jugendlichen Kinder mit seismografischem Gespür anknüpfen. Die Adoleszenz ist somit in der Dialektik von Individuation und Generativität zu betrachten, die psychosoziale Neuorientierungen, Trennungs- und Verarbeitungsleistungen auf beiden Seiten erfordern (King 2013).

Wie im Abschn. 4.1 näher beschrieben, sind dabei die klassischen Rollen und Positionen in den Generationsbeziehungen mittlerweile aufgebrochen. Eine große Zahl von Jugendlichen teilen die Wertorientierungen ihrer Eltern und begehren nur noch selten gegen ihre Eltern oder die gesellschaftliche Ordnung auf (z. B. Albert

3.2 Jugend in der familialen Interaktion

et al. 2015). Vor dem Hintergrund der Perspektive von „Jugend und Jugendlichkeit als gesellschaftliches Leitbild" (vgl. Abschn. 1.6) verfolgen Eltern zuweilen Lebensstile und -praktiken (z. B. Sprache, Körper, Kleidung, Musik, Hobbys), die man vor einigen Jahren noch allein Jugendlichen zuschrieb, sodass auch von einer Juvenilisierung der Eltern gesprochen wird. Der Begriff der Jugend scheint seine Bestimmungs- und Abgrenzungskraft verloren zu haben (vgl. Kap. 1).

Der nachfolgend im Zentrum stehende Fall stammt aus dem Projekt „Die Mühen des Aufstiegs", das Jugendliche und ihre Familien in einer qualitativen Längsschnittstudie vom Ende der 10. Klasse bis zur Einmündung in die berufliche Ausbildung bzw. in ein Studium (über ca. 7 Jahre) in Familiengesprächen und Interviews befragt hat (Labede und Thiersch 2014; Labede et al. 2020). In diesem Projekt wird die Bedeutung der familialen Interaktion und der adoleszenten Individuationsprozesse für Bildungsverläufe und insbesondere für Bildungsaufstiege herausgearbeitet. Die ausgewählten Passagen aus den Interviews werden mit dem Verfahren der Objektiven Hermeneutik interpretiert, um herauszuarbeiten, welche Sinnstrukturen den innerfamilialen Interaktions- und Beziehungsdynamiken und den bildungsbiografischen Identitätsentwürfen der Jugendlichen zum Schulaufstieg zugrunde liegen. Die Objektive Hermeneutik ist mit der Unterscheidung von manifester Intention einer Aussage und ihrem latenten Bedeutungsgehalt in besonderem Maße geeignet, um familiale Beziehungsdynamiken und die Identitätsentwürfe der Jugendlichen zu untersuchen. Die Erhebungen im Längsschnitt ermöglichen dabei, die Ablösungs-, Integrations- und Bewährungsprozesse der Jugendphase im zeitlichen Verlauf zu betrachten. In den Fokus rücken besonders prägnante und aussagekräftige Interaktions- und Interviewsequenzen, die Aufschluss über die strukturellen Handlungsprobleme und Bewährungskrisen der Jugendphase in familialen aber auch schulischen und peerbezogenen Kontexten geben. Die Aushandlung des „sozialen und kulturellen Erbes" wird damit als ein zentrales Thema von Jugend in der Familie bestimmt. In einer typologischen Abstraktion wurden mit den Kategorien „Flüchten", „Durchkommen und Überstehen" sowie „Aneignen" unterschiedliche Modi des Umgangs mit dem Erbe und damit einhergehende Anforderungen bestimmt (Labede et al. 2020). Über die Auseinandersetzung mit zukünftigen Bildungs- und Berufswegen stellen sich Fragen von Autonomie und eigenständiger Lebensgestaltung in der Jugendphase, wie in der folgenden Interaktionssequenz der Familie Eder beispielhaft deutlich wird. Auf den Impuls des Vaters, der danach fragt, wie lange seine Tochter das Schüler*innenpraktikum in einer Grundschule gemacht hat, entwickelt sich folgende Interaktion zwischen Tochter (T), Vater (V), Mutter (M) und Bruder (B):

„Was willst du denn jetzt?"

V:	Und (gedehnt) wie lange warste da (?)
T:	Drei Wochen
V:	Drei Wochen , inna Schule . hast auch mit den .. Grundschülern ja was gemacht und das hat ja deine Meinung gefestigt das zu machen
T:	Joa . also jetzt will ich s eigentlich nicht mehr soo (TM auf / gedehnt)
V:	Was willst du denn jetzt (?)
T:	Weiß ich noch nicht (lacht)
V:	Ach
T:	Ma gucken
V:	Das wusst ich auch noch nicht
I2:	(lacht)
T:	Ja also .. steht schon noch , zur Debatte aber . ich bin mir noch nicht so sicher .. ob ich jetzt Lehrerin werden will .. ma schaun
I1:	Und woher kommt jetzt die Unsicherheit (?)
T:	Äh (gedehnt) ja weil, ich weiß nicht ob ich das so mein ganzes Leben lang machen will (TM auf)
I1:	hmm
T:	Mit den Kindern das wird auch dann ganz schön anstrengend nach ner Zeit . ja
M:	Das ist deine Entscheidung also ich wusste das bis dato auch noch nicht
V:	Nee
B:	Ich wusste es
V:	Na ja gut .. solange du ne Entscheidung triffst hinterher was de machst ... kannste das natürlich machen
T:	/Ja werd' ich schon keine Sorge (lacht)
I2:	(lacht)

◀

Auch wenn die familiale Interaktion hier nicht intensiver interpretiert werden soll, dokumentiert sich in der Passage eine eigenständige berufliche Positionierung der 16-jährigen Tochter. Sie offenbart im Familiengespräch mit den Forscher*innen vor allem den Eltern, dass sie den angedachten Beruf als Grundschullehrerin in Frage stellt. Die Tochter trifft hier im Modus familialer Ablösung und Autonomisierung eine Entscheidung für ihren bildungsbiografischen Weg und steht für diese ein, auch wenn die Eltern diese Neuausrichtung hinterfragen und im ersten Moment davon explizit nicht begeistert sind. Implizit akzeptieren sie aber die Entscheidung der Tochter und adressieren sie als eigenständige Entscheidungsträgerin. Zugleich kommt auch zum Ausdruck, dass ihr jüngerer Bruder von dieser Umorientierung der Schwester bereits erfahren hat und damit eine (generationale) Wissensdifferenz in der Familie besteht (vgl. die ausführliche Interpretation in Labede und Thiersch 2014).

3.2.1 Erwachsene Jugendliche und jugendliche Erwachsene

Im Folgenden wird nun eine Interaktionssequenz der Familie Martens aus dem erwähnten Projekt „Die Mühen des Aufstiegs" ausgewählt und genauer interpretiert, weil in dieser Sequenz Jugend und Jugendlichkeit manifest thematisiert werden. Ausführlich hat bereits Bünting (2017) diesen „Fall" analysiert. Die in den Blick genommene Passage wird hier neu rekonstruiert. Im Familiengespräch wird zunächst geschildert, dass die Tochter Judith im Gegensatz zu ihrer Mutter, bei der es nach eigener Aussage „damals nich so richtich rund gelaufen" ist und die „nach der elften damals das (2) gymnasium unehrenhaft verlassen" musste, gleich eine gymnasiale Laufbahn nehmen und abschließen soll. Die Mutter hat mit Mitte 30 das Abitur nachgeholt und studiert zum Interviewzeitpunkt die Fächer Biologie und Englisch im 3. Semester. Judith soll es, so die Eigendeutung in der Familie, einmal besser machen als ihre Mutter. Deswegen wird im Anschluss an einen erweiterten Realschulabschluss das Abitur angestrebt. Diese Delegationslogik speist sich aus dem nachträglichen Bedauern der Mutter über die Lebensumstände und die nicht wahrgenommene Bildungsmöglichkeiten in der eigenen Jugendphase und führt zum Auftrag an ihre Tochter, stellvertretend diese zu verwirklichen und damit ein Stück weit die eigene Jugend nachträglich zu kompensieren.

Judith wird von ihrer Mutter als eine angepasste, zielstrebige und fleißige Schülerin adressiert, die – wie zu Beginn der folgenden Passage – von anderen jugendkulturell orientierten Mädchen in ihrem Alter abgegrenzt wird. Darüber entwickelt sich ein Dialog zwischen Mutter (M) und Tochter Judith (T), in der die Generationsrollen scheinbar umgekehrt werden.

„Mal is es miss held heute is es ihre mutter hm"	
I:	wer is A-Name ne bekannte oder
T:	*(2) die freundin meiner nachbarin (I: mhm) /eine ziemlich schräge type/*
M:	*/die ham wir grad vorm/ haus gesehen (.) is halt (.) punk (.) nichts gegen punks die sehen ja auch witzig aus aber vom wesen her is se auch ein bisschen sehr (1) also schule interessiert auch nich sonderlich sagn wa s mal so (I: mhm) (lacht) (T: ill) (atmet aus)*
I:	und du warst aber schon immer eher also hattest so nen gesunden ehrgeiz sag ich mal (.) oder
T:	*(2) joar eh ich hab mich halt nie für solche gruppierungen interessiert bis jetzt auf das utakodasein und mangas all sowas (I: mhm) aber sonst bin ich eigentlich immer dabei geblieben wo ich jetzt bin (.) außer vielleicht mal nen paar kleine auszeiten (I: (lacht)) (lacht) (1) auch wenn ich mich jetzt nich so dran erinnern kann*

I:	(1) wo bist du denn jetzt (.) dabei geblieben wo ich jetzt bin
M:	(1) normal zu sein (I: ahja) bloß nicht aufzufallen (2) viel zu angepasst zu sein (lacht)
T:	(1) ich fühl mich wohl in meinen sachen
M:	(lacht)
I:	(lacht) sie sind da eher der flippige typ oder
M:	nee nee nee das nich aber ich mein in dem alter (T: (lacht)) wollt ich ne ne Judith find ich manchmal (.) s sieht aus wie ich also (1) läuft so rum wie ich (lacht) (1) ich hätte damals nich aussehen wolln wie meine mutter sagn wa s so (lacht)
T:	mal is es miss held heute is es ihre mutter hm

◀

Zunächst fällt eine Einigkeit zwischen Mutter und Tochter auf, die sich vom Jugendtypus, die das angesprochene Mädchen verkörpert, lästernd abgrenzen. Während sich bei Judith – trotz der manifesten Abgrenzung mit „eine ziemlich schräge type" latent eine distanzierte Anerkennung ausdrückt, verweist das schroffe Urteil der Mutter nicht nur auf eine Ablehnung und Abwertung des jugendkulturellen Lebensstils, der ihrer Sicht nicht ganz ernst zu nehmen ist („is halt (.) punk (.) nichts gegen punks die sehen ja auch witzig aus"). Vor allem wird eine grundlegende Missachtung gegenüber dem Mädchen aufgrund des fehlenden schulischen Interesses deutlich: „aber vom wesen her is se auch ein bisschen sehr (1) also schule interessiert auch nich sonderlich sagn wa s mal so". Ebenfalls die*der Interviewende („hattest so nen gesunden ehrgeiz") sowie Judith selbst („joar eh ich hab mich halt nie für solche gruppierungen interessiert") schließen an diesen „negativen Gegenhorizont" der Mutter an und grenzen vor diesem Hintergrund Judiths Orientierungen ab. Es wird ersichtlich, dass Judith – im Gegensatz zu ihrer Mutter – weniger ein Problem mit derartigen Jugendkulturen und Ausdrucksformen hat. Sie spricht zwar ebenfalls distinktiv – anders als die Mutter – aber zugleich souverän, seriös und politisch korrekt („gruppierungen"). Dies wird auch inhaltlich untermauert, indem sie deutlich macht, dass sie jugendkulturellen Praktiken der asiatischen Ästhetik und Kunst nachgegangen ist.

Identitätstheoretisch ist dann vor allem der Sprechakt „aber sonst bin ich eigentlich immer dabei geblieben wo ich jetzt bin" bemerkenswert. Anders als ein „ich bin zudem geworden, was ich jetzt bin" werden die Zeitbezüge umgekehrt und auf Dauer gestellt. Sinngemäß ist Judith jetzt dort angekommen, wo sie schon immer war. Sie ist sich, ihrem Stil und ihren Überzeugungen treu geblieben. Dies verweist auf ein stabiles und gesetztes Selbst. Mit dem „wo" anstelle eines „wer" wird zudem eine Steigerungslogik des Geschafften thematisch, was anschließend mit den „kleinen Auszeiten" bestätigt wird. Judith zeichnet sich als kontinuierlich be-

3.2 Jugend in der familialen Interaktion

flissene und leistungsorientierte Jugendliche aus, wie es sich an anderen Stellen des Interviews noch deutlicher zeigt.

Auf die anschließende an Judith gerichtete Frage des Interviewers, wo sie denn jetzt sei, antwortet überraschenderweise die Mutter stellvertretend. Sie antwortet dabei sowohl auf der Ebene einer Gleichaltrigen als auch auf der Ebene einer Mutter. Die peerbezogene Bedeutung erschließt sich über die Abgrenzung und Kritik der Normalitäts- und Konformitätsentwürfe der Tochter, die zudem lachend vorgetragen werden. Zugleich spricht sie auch als Mutter in der Form, dass sie zum einen stellvertretend und folglich übergriffig für Judith antwortet und zum anderen asymmetrisch für sich die Deutungshoheit beansprucht und die Lebensentwürfe der Tochter beurteilt. Sie kritisiert somit Judiths stabile Selbstverortung im „Normalen" und „Angepassten", die auf ein jugendliches Vergleichs- und Konkurrenzmotiv zurückzuführen ist. Diesen provokanten „Angriff" kontert Judith mit einem souveränen Selbstbekenntnis zu ihrem Kleidungsstil („ich fühl mich wohl in meinen sachen"), worauf sich die Mutter mit einem Lachen distanziert. Die von der Mutter geäußerte Kritik einer normalen und angepassten Tochter, wird nun von der Interviewerin aufgriffen und in einer antizipierten Gegenüberstellung („sie sind da eher der flippige typ") eine Selbstpositionierung der Mutter eingefordert. Die dreifache Verneinung zeigt dann zunächst, wie vehement die Mutter diese Positionierung als „flippiger Typ" einerseits von sich weist, wie sehr andererseits die Anrufung als „außergewöhnliche" Person auch schmeichelt und zutreffend ist. Die Frage trifft genau in den Kern, sowohl Mutter bzw. Erwachsen sein zu müssen als auch sich als Peers bzw. noch Jugendliche wahrzunehmen. Insofern verwundert es nicht, dass sie sich dazu nicht positionieren will und kann. Vielmehr ist sie umgehend wieder bei der Kritik an Judith, die sich hier in Empörung steigert und damit als Bedrohung des eigenen unverwechselbaren Selbst („sieht aus wie ich") von ihr gedeutet wird. Judith kleidet sich in ihren Augen wenig wie eine Jugendliche und grenzt sich damit nicht ausreichend von ihr als Mutter ab. Erneut, dieses Mal explizit, bringt sie ihre Jugendzeit und ihren Abgrenzungswunsch von der eigenen Mutter bzw. Judiths Großmutter zum Ausdruck, womit eine Konkurrenzsituation zur Tochter eröffnet wird. Dieses Bild einer sich abgrenzenden Jugend („ich hätte damals nich aussehen wolln wie meine mutter") wird auf Judith übertragen und damit die eigenen Jugenderfahrungen und das eigene Älterwerden bearbeitet.

Auf diesen erneuten Angriff auf das Selbst von Judith erfolgt ein typischer jugendlicher Sprechakt der kritischen Distanzierung, in dem eine gewisse Scham und Peinlichkeit über die mütterliche Sprunghaftigkeit und die uneindeutige Position zwischen Mutter und Peer, die sich zur zentralen Figur in der Beziehung macht, zum Ausdruck kommt („mal is es miss held heute is es ihre mutter hm").

Judith bearbeitet mit dieser dezentrierten Perspektive von außen ironisierend die Beziehung zur übergriffigen und anklagenden Mutter und findet gleichzeitig damit einen Umgang.

Auch im weiteren Verlauf des Gesprächs wird inhaltlich eine Einebnung oder sogar eine Umkehrung der Generationsbeziehung zwischen Tochter und Mutter hergestellt und deutlich. Beispielsweise erzählt die Mutter – wie eine Jugendliche – von einer schlechten Erfahrung mit Piercings, die sie sich auf ihre „alten tage", wie sie selbst sagt, stechen ließ. Da die Piercings sich entzündeten, mussten sie entfernt werden und wollte die Mutter keine weiteren. Judith nimmt im Gespräch überwiegend und wenn es um sie selbst geht, eine vernünftige und gesetzte Position ein („ich wünsch mir nich ma nen piercing"). Performativ und sprechaktlogisch ist die generationale Differenz zwischen Mutter und Tochter aber sehr deutlich. So lässt es sich Judith nicht nehmen, sich von der Mutter mit eigenen jugendkulturellen Entwürfen abzugrenzen, wie nach der Thematisierung der Piercinggeschichte im Wunsch nach einem Tattoo deutlich wird.

„Wenn de achtzehn bist"

T:	(3) aber so nen kleines tattoo
M:	(2) wenn de achtzehn bist
T:	ja ja ja
M:	(1) (lacht)
I:	(lacht)
M.	(2) dann kannst e des machen meinetwegen
T:	(2) ok
I:	du warst jetzt fünfzehn ne
T:	mhm
M:	is ja nicht mehr so lang
T:	(3) ich will hier bleiben
I:	(3) wie hier bleiben
T:	hotel mama is besser
M:	/achso/
I:	/(lacht)/
T:	(lacht)

Hier dokumentiert sich – im Vergleich zu oben – nun eine „klassische" Eltern-Kind-Interaktion im Jugendalter. Das jugendliche Kind wünscht sich eine Körpermodifikation, mit der es sich identifizieren kann. Die Mutter lehnt diesen Wunsch ab und ordnet ihn als Repräsentantin der älteren Genration dabei mit dem impliziten Verweis auf rechtliche Festlegungen zur Mündigkeit in die bestehende soziale

3.2 Jugend in der familialen Interaktion

Ordnung ein („wenn de achtzehn bist"). In der Tat benötigen Jugendliche zwischen 16 und 18 Jahren auch die schriftliche Einwilligung ihrer/ihres Erziehungsberechtigten. Die Mutter spricht aber auch interaktionslogisch Judith die Entscheidungsautonomie über das Stechen eines Tattoos ab, setzt dieser Grenzen und verbietet das Tattoo. Gleichzeitig markiert sie damit ihre erzieherische Verantwortlichkeit und Sorge für das Wohl des Kindes. In der Art und Weise, wie dabei eine kausale Gesetzmäßigkeit aufgemacht wird (im Sinne „wenn du achtzehn bist, dann kannst du machen was du willst"), wird eine generationale Differenz eingezogen, die durch Judiths Singsang einer dreifachen Affirmation („ja ja ja") bestätigt wird. Sie kennt die Haltung ihrer Mutter und muss sich dieser zähneknirschend unterwerfen.

Die durch die Interviewerin aufgeworfene Frage nach dem Alter Judiths und die Versicherung, ob sie 15 Jahre alt ist, kommentiert die Mutter dann mit „is ja nicht mehr so lang". Manifest signalisiert sie der Tochter damit, dass diese nicht mehr lange warten muss, um sich den Wunsch eines Tattoos zu erfüllen. Sinnlogisch deutet dieser Sprechakt aber darauf, dass die Mutter mahnend auf die tickende Uhr hinweist und man sich mit dem bevorstehenden „Ablösungsereignis" befassen und beschäftigen sollte. Folglich bekommt der Satz auch eine Selbstbezüglichkeit, sich mit dem Abschied zu beschäftigen, wenngleich im Folgenden die Tochter mit dem Bleibewunsch auf einen antizipierten Appell der Mutter, mit 18 auch auszuziehen, reagiert: „Ich will hier bleiben". Dieser Sprechakt ist ein starkes Bekenntnis des Kindes und eine Positionierung zur Zukunft. Die Bindung an ein „Hier" ist somit sowohl räumlich als auch sozial (im Sinne von „hier bei dir") zu verstehen. Die Haltekraft an der gemeinsamen Beziehung im gemeinsamen Zuhause geht explizit so etwa nicht von der Mutter, sondern von der Tochter aus. Die Mutter ist überrascht und reagiert darauf nach außen hin mit Unverständnis („wie hier bleiben"). Die Selbstironisierung als „Nesthocker" im Haushalt der Mutter von Judith beinhaltet schließlich einen interessanten Vergleichshorizont („hotel mama is besser"). Anders als ein „Hotel Mama ist das Beste" deutet das „besser" auf zwei Alternativen (Hotel Mama vs. eigene Wohnung), die nicht wirklich als diese positiv in Frage kommen. Es wird sich für das „kleinere Übel" entschieden, einen festen Zukunftsplan scheint es nicht zu geben. Auch wenn es ein sehr bekanntes Sprichwort ist, in der Regel aber für spätadoleszente Söhne, wird in der Hotelmetapher der Servicecharakter betont, der das mitunter mühevolle Führen eines eigenen Haushalts erspart. Die Bindung an die Mutter wird manifest sehr deutlich. Diese wird aber – wie wir in den zwei Passagen gesehen haben – auch von der Mutter hergestellt, die damit eigene Erfahrungen der Jugendzeit und ihrer Biografie bearbeitet.

▶ **Zusammenfassung der Ergebnisse** Insgesamt zeigen sich in diesem Fall Spannungen und ein permanentes Wechselspiel der Mutter-Tochter-Beziehung bzw. Generationsrollen. Das Gespräch ist sowohl von einer peerähnlichen Interaktion zwischen Mutter und Tochter als auch von einer Eltern-Kind-Interaktion geprägt. Mutter und Tochter wechseln sich auch auf der inhaltlichen Ebene in der Generationspositionierung ab. Mal nimmt die Mutter die Rolle einer Jugendlichen ein und die Tochter wird zur Erwachsenen, an anderer Stelle kehrt sich dies – wie wir gesehen haben – wieder um und es kommt zu dominanten und übergriffigen Bewertungen der Mutter, beispielsweise wenn sie Judiths Kleidungsstil kritisiert oder ihren Wunsch nach Körperidentifikation nicht unterstützt. In beiden Beispielen ordnet sie Judith generational ein, indem sie ihr Normalität bescheinigt oder auf die rechtlich normierte Notwendigkeit des Erwachsenenalters für ein Tattoo pocht. Über das gesamte Familiengespräch zeigt sich hier ein Konkurrenz- bzw. Bedrohungsmotiv, dass die sich in der Jugendphase befindliche Tochter der Mutter die Selbstwahrnehmung und -positionierung als jugendliche Mutter und Frau streitig macht, gerade auch weil sich diese mitunter so gar nicht jugendlich kleidet und gibt. In diesem Fallbeispiel wird somit deutlich, wie in der Familie Eltern nicht nur in der Adoleszenz ihrer Kinder mit der eigenen Jugendzeit konfrontiert sind, sondern sich Fragen des generationalen Wechsels stellen. In der Auswertung wurde folglich rekonstruiert, dass selbst bei einer Nivellierung und Gleichmachung der generationalen Unterschiede Jugend nach wie vor für die Beziehung bedeutsam ist und darüber Ablösungsprozesse ausgehandelt werden.

3.3 Jugendliche Peer-Erfahrungen mit digitalen Medien in der Schule

Neben der Familie stellen Peer-Group und Schule weitere zentrale Räume für die Zuschreibung und Aneignung von Jugend dar. Für Sozialisationsprozesse in der Jugendphase im Allgemeinen und für digital mediatisierte Sozialisationsprozesse im Besonderen sind beide Instanzen von herausragender Bedeutung. In der Schule, die selbst als eine Institution des Übergangs von der Familie in die Öffentlichkeit zu betrachten und mit der die Entstehung einer Jugendphase eng verknüpft ist, erfahren Jugendliche, welche Möglichkeiten und Grenzen des Handelns und Wirkens sie als nachwachsende Generation haben. Peers sind der „soziale Ort jugend-

3.3 Jugendliche Peer-Erfahrungen mit digitalen Medien in der Schule

spezifischer Erfahrungsbildung und Selbstverortung" in der generationsspezifischen und institutionellen Auseinandersetzung (Bohnsack 1989, S. 11).

Im nächsten Fall wird Jugend folglich als Raum gemeinschaftsstiftender Erfahrungen und kultureller Praktiken in den Blick genommen (vgl. Abschn. 1.2). Jugendliche erweisen sich gerade in der selbstverständlichen und kollektiven Erschließung und Nutzung neuer Technologien und Medien traditionell als „Erneuerer". Sie nutzen Medien, um miteinander in sozialen Netzwerken zu kommunizieren, zu spielen und sich auszutauschen. Sie erlernen den Gebrauch oftmals autodidaktisch und beherrschen den Umgang mit technischen Anwendungen mobiler und digitaler Endgeräte. Diese haben in den letzten Jahrzehnten die sozialen Praktiken, die Freizeitorientierungen und die damit verbundenen Ausdrucksformen (z. B. Jugendsprache) von Jugendlichen verändert (vgl. Abschn. 2.4).

Dabei existiert schon länger ein enges Verhältnis von Jugendforschung und Medienpädagogik. Die Mediatisierung der Kommunikation (Krotz 2001; Hepp 2020) und eine Kultur der Digitalität (Stalder 2016) wurden und werden insbesondere bei Jugendlichen beobachtet und herausarbeitet. Soziale Netzwerke, Plattformen und Messenger-Dienste mit ihren gesteigerten Partizipationsmöglichkeiten an themenbezogener Gruppenkommunikation bieten Möglichkeiten zur peerbezogenen Aushandlung und Anerkennung von Identitätsentwürfen und stellen einen zentralen Erfahrungs- und Handlungsraum von Jugendlichen dar. Sie ermöglichen einen eigenen Raum in der Phase adoleszenter Transformation und der Ablösung und Abgrenzung von erwachsenen Orientierungen und Normen.

Mit der zunehmenden Integration digitaler Medien in Schule und Unterricht zur vermeintlichen Optimierung und Steuerung des Lernens stehen die bereits inkorporierten medialen Nutzungsformen und -praktiken in informellen Erfahrungs- und Lernkontexten in einem neuen Verhältnis zum schulisch beabsichtigen und reglementierten Einsatz neuer Informations- und Kommunikationstechnologien (Thiersch und Wolf 2023). Insofern fragt sich in einer zukünftig digital mediatisierten Schulwelt, wie soziale Entgrenzungsphänomene sowie pädagogische (Generations-)Beziehungen und Ordnungen gestaltet werden. Von Interesse ist, ob und welche neuen Praktiken der sozialen Einbindung, der Ent-Hierarchisierung und der Selbstinszenierung aber auch der Kontrolle und Disziplinierung entstehen (Schachtner und Duller 2014).

Das folgende Datenmaterial stammt aus einer Untersuchung zur sozialen Praxis digitalisierten Lernens (Thiersch und Wolf 2021; Wolf und Thiersch 2021). Auf der Grundlage einer Ethnografie an einer Gesamtschule und an einem Gymnasium werden in diesem Projekt soziale und pädagogische Situationen, die sich auf digitale Artefakte beziehen, beobachtet, die Unterrichtskommunikation aufgezeichnet und Gruppendiskussionen mit jugendlichen Realgruppen, d. h. mit befreundeten

Schüler*innen, durchgeführt (Bohnsack et al. 2006). Thematisch geht es in den Gruppendiskussionen darum, wie außerschulische und peerkulturelle digitale Praktiken in den schulischen Umgang mit digitalen Medien von Schüler*innen integriert werden und in welchen Passungsverhältnissen schulische und außerschulische Kommunikationscodes und -strukturen stehen.

Die Dokumentarische Methode, mit dem das folgende Datenmaterial interpretiert worden ist, geht davon aus, dass das implizite und handlungspraktische Wissen von Jugendlichen in konjunktiven Erfahrungsräumen emergiert und sich in der konkreten Handlungspraxis einer Gruppendiskussion dokumentiert (Bohnsack 2010, S. 61–63). In der komparativen, d. h. vergleichenden Rekonstruktion kontrastiver Gruppendiskussionen können so die unterschiedlichen kollektiven Orientierungen hinsichtlich des Gebrauchs digitaler Medien gewonnen werden. In den zwei vorliegenden Fällen interessiert dabei insbesondere, wie in den Gruppen Gemeinsamkeiten hergestellt werden und welche Schlussfolgerungen daraus für die Bestimmungen von Jugend zu ziehen sind.

3.3.1 Zwischen medialer Überlegenheit und Zurückweisung

Mediale Überhöhung und Distinktion – Gruppendiskussion I
In einer Gruppendiskussion von Jungen einer 8. Klasse einer Gesamtschule wird in der Thematisierung des Einsatzes digitaler Medien im Unterricht die Generationsdifferenz in der kollektiven Abgrenzung zu den Lehrenden deutlich. Die Omnipräsenz des digitalen Mediums fordert, wie wir in Beobachtungen und Gruppendiskussionen herausarbeiten können, zur adoleszenten und generationalen Positionierung auf. Die generationelle Kongruenz wird im Fallbeispiel dabei in der technischen Überlegenheit zu einzelnen Lehrkräften und im geteilten Unverständnis ihrer fehlenden digitalen Kompetenzen hergestellt:

„Ich glaub manche Lehrer komm' i- immer noch nich mit den iPads klar"	
Sm5:	*ich glaub manche lehrer komm' i- immer noch nich [Sm: [zustimmend] ja] mit den ipads klar*
Sm1:	∟ *siehe Frau Porowski**
Sm5:	*nich nur sie*
Sm2:	*@oder als Frau Samler* gefragt hat wie man denn das video pausiert@ [mehrere Schüler lachen]*
Fm:	*okay*
Sm2:	*@oder wie man das video startet@ [mehrere Schüler lachen]*

3.3 Jugendliche Peer-Erfahrungen mit digitalen Medien in der Schule

Sm5:	das war sogar letztens noch so
Sm1:	⌊ ist eigentlich- da ist ein dicker knopf in der mitte wie kann man den überseh'n
Sm5:	keine ahnung frag mich nich

◀

Bereits die Proposition „ich glaub manche Lehrer komm' i- immer noch nich [Sm: [zustimmend] ja] mit den ipads klar" verweist auf eine überlegende Haltung in der Beurteilung der Lehrenden, die aus Sicht des Schülers lebensweltfremd im Umgang mit neuen Informations- und Kommunikationstechnologien agieren. Die Jugendlichen nehmen eine bewertende Position ein, die „klassische" Struktur der schulischen Generationsbeziehung kehrt sich anscheinend um. In den Zuschreibungen einer unfähigen Anwendung und eines Modernitätsproblems ziehen sie eine Differenz zwischen sich und den Lehrenden ein. Der gemeinsame Erfahrungsraum dokumentiert sich dabei im geteilten Lachen, in den Affirmationen und auch in den nahtlosen Anschlüssen ohne Explikation (z. B. der Verweis „siehe"). Die Schüler*innen stellen in Frage, ob die Lehrenden ihrer Rolle nachkommen, zu dieser aus ihrer Sicht heutzutage eben auch das Beherrschen des iPads gehört. Die Abgrenzung zu den Lehrenden erfolgt dabei im Modus der Überlegenheit und Selbstüberhöhung der Jugendlichen, die damit eine bewertende Expertenposition einnehmen. Explizit wird zwar über die praktischen Fähigkeiten geurteilt, implizit hinterfragen die Jugendlichen in der skandalisierenden und spöttischen Art und Weise der Thematisierung aber die Haltung der Lehrenden. Beispielsweise kritisiert das „nicht klar kommen" die aus ihrer Perspektive unbewegliche Borniertheit, weil anders als bei einem „Zurechtkommen" die Gesinnung thematisiert wird. Die Kritik besteht damit vor allem darin, dass die Lehrenden die Notwendigkeit des Beherrschens nicht erkennen und ihre Auffassung nicht verändern.

Auch wenn die digitale Mediatisierung von Schule und Unterricht neue Fragen der pädagogischen Beziehungen beinhalten, so sind die sichtbar werdenden jugendlichen Ablehnungen und Abgrenzungen gegenüber der älteren Generation – strukturell betrachtet – dabei nicht ganz neu, adoleszenzspezifisch und konstitutiv für pädagogische Beziehungen. Neu ist hier aber die Kopplung der Grenzziehung an technische Artefakte, die für gesellschaftlich etablierte und anerkannte Praktiken des Fortschritts und der Zukunft stehen. Die digitalen Medien stellen neue Bezugsobjekte zur Abgrenzung von Erwachsenen und zur Herstellung jugendspezifischer, generationaler Gemeinsamkeiten und Anschauungen dar. Die Kritik an der technischen Abgewandtheit und der konservativen Verfangenheit kommt z. B. in der lachend vorgetragenen sprachlichen Abgrenzung „wie man denn das video pausiert" zum Ausdruck.

Das Festhalten an klassischen pädagogischen Handlungsformen wird in der Diskussion unter den Schülern als ein Problem des pädagogischen Selbstverständnisses entschlüsselt. Gerade der aktive Einbezug der Schüler*innen und das Hilfegesuch der Lehrenden als Anerkennung der Umkehrung der Rollen wird hier negativ ausgelegt. Die Schüler*innen haben regelrecht ein Problem damit, den Lehrenden in technischen Fragen zu helfen. Dies deutet auf ein Dilemma für die Schüler*innen, sowohl angesichts der Struktur von Unterricht klassische Generationsdifferenzen bzw. -rollen als auch durch digitale Medien neu erzeugte Umkehrungen zu akzeptieren. Die Struktur der pädagogischen Generationsbeziehung ändert sich im Unterricht somit nicht, allerdings werden neue Möglichkeiten und Ausdrucksformen der Abgrenzung gegenüber den das Schulische repräsentierenden Lehrenden sichtbar. Die überlegenden und distinktiven medialen Orientierungen flankieren dabei die schulischen Orientierungen, dem Unterricht und den Lehrenden oppositionell und distanziert gegenüberzutreten (vgl. auch Thiersch und Wolf 2023).

Ablehnung und Kulturkritik des Medialen – Gruppendiskussion II
Die generationale Abgrenzung und die hergestellte Gemeinsamkeit über die technische Überlegenheit ist ein Typus von jugendlichen Orientierungen bezüglich der Nutzung digitaler Medien in der Schule. Zugleich konnten wir in unseren Analysen von Gruppendiskussionen mit Jugendlichen aber auch Haltungen herausarbeiten, bei denen eine wertkonservative Kritik am Gebrauch zum Ausdruck kommt:

„bei manchen Sach'n finde ichs allgemein besser es so normal schriftlich zu- auf Blatt Papier zu machen"

Sw1:	*eja eh (.) an sich: isses ja schon geil mit ipad zu arbeiten klar alles neu mh mh mh mh mh aba (.) vor allem man muss halt nich bücher rumschlepp'n °man hat keine hausaufgaben° @[einatmen] nein@ ",äh nur manchmal hab ich das gefühl es wäre bessa es schriftlich zu machen weil (.) bei manchen sach'n finde ichs allgemein besser es so normal schriftlich zu- auf blatt papier zu machen ne (1) joa*

◄

Die Schülerin räumt zwar prinzipiell die neuen Vorteile und Möglichkeiten in der schulischen Nutzung digitaler Medien ein („an sich"), die man als jugendliche Schülerin gern wahrnimmt („schon geil", „klar alles neu"). Dabei wird das pragmatische Argument formuliert, dass digitale Medien das Tragen schwerer Bücher erspart. Im Anschluss wechselt Sw1 aber die Perspektive („nur manchmal") und macht deutlich, dass es vor dem Hintergrund ihrer Orientierungen für ihr Lernen

3.3 Jugendliche Peer-Erfahrungen mit digitalen Medien in der Schule

das iPad nicht braucht. Es wird begrüßt, diese Möglichkeit zu haben, aber bereits mit dem „schon geil" wird eine Dekonstruktion und ein Problembewusstsein zur Sache deutlich. Die scheinbare Attraktivität und das Erstrebenswerte des digitalen Mediums wird eingeschränkt. Ihm haftet ein trügerischer Schein an. Zwar wird die Dominanzdeutung der Möglichkeiten des Mediums akzeptiert, zugleich wird es aber auch problematisiert und in der kulturindustriellen Deutung („geil") implizit kritisiert. In dieser Passage kommen damit Orientierungen der Differenzierung einer souveränen Expertise zum Ausdruck, die sich darin zeigt, dass Neue einerseits nicht grundlegend abzuweisen und in seinen Chancen zu betrachten, andererseits aber auch aus der Binnenperspektive auf gewünschte Stabilitäten im Unterricht hinzuweisen. Der Sprechakt dokumentiert somit eine ambivalente Orientierung zwischen der Zustimmung in eine allgemeine Erwartung und Norm des positiven Nutzens digitaler Medien einerseits und der subjektiven kritischkulturkonservativen Distanz hierzu andererseits. Im positiven Gegenhorizont der Schülerin steht das (Hand-)Schriftsprachliche als ein verlässliches Element der ihr bekannten Welt. Für Sw1 geht es also nicht um das Schreiben an sich, sondern um das Niederschreiben als eine für sie bedeutsame kulturelle Praxis. Im negativen Gegenhorizont steht dabei die Flüchtigkeit, Unverbindlichkeit und Schnelllebigkeit der mündlichen Kommunikation. Die Thematisierung digitaler Mediatisierung ruft hier grundlegende Selbst- und Weltdeutungen und -positionierungen in der Ambivalenz von Neuem und Altem (Innovation und Kulturkritik) auf.

In einer anderen Gruppendiskussion mit Mädchen werden die distanzierten Haltungen zum Digitalen als neuer Zeichenträger in Schule und Unterricht ebenfalls geteilt, wenngleich individuelle Unterschiede in der Form der Distanzierung bestehen. Vor dem Hintergrund der schulkonformen Orientierungen haben Bücher, Schreibpraktiken und die Interaktion mit den Lehrer*innen Bedeutung. Medien und Arbeitsformen werden nicht per se, sondern als Chiffre für mit ihnen verbundene Sozialformen und Kulturtechniken bzw. Ungewissheiten und Unsicherheiten für die unterrichtliche Ordnung diskutiert.

„Ich mag's eher mit Büchern zu arbeit'n"	
Sw3:	also: ich find's eig'ntlich: (.) oke aber ich mag's eher mit büchern zu arbeit'n weil=ich schon (.) so viele jahre schon mit'n bücher gearbeitet hab also (.) ich bin eher auf bücherseite abe:r (1) aber ich bin jetz' in dieser schule also arbeit'=ich jetz' auch mit'n ipad abe:r (.) naja; (…)
Sw2:	für=mich au:ch; weil=ich- ich hab's mir irg'ndwie angewohnt alles immer auf papier aufschreib'n zu müss'n oder halt [seufzt] (.) äh::: ich g- kann nicht nur alles auf'm ipad mach'n (Sw:3 ja::) das würde für mich gar nich' geh'n also; (1) °ja° (.) (°genau°)

Sw1:	└ ähm:: ┘ ich (.) mag=es richtig gerne was zu schreib'n oder sowas und ähm: (.) ich find's eig'ntlich ganz gut diese mischung die wir grade so hab'n, also zwisch'n (.) ähm:: ipad un:d ähm: (1) ähm schreib'n halt normal'm (Sw2: zust. hm)unterricht (.) ja.(.) oder ich mag eig'ntlich auch (.) gerne:: frontalunterricht,(1) (…)
Sw3:	also ich mag e:her so mit'n le:hrer; (.) wie zum beispiel bei anderen (schulen so) (.) wenn=ein lehrer so alles erklärt also:: ich bin eher nich' so für lernbüro, abe:r (1) @naja@ (2) ich mag=es eher normal'n=unterricht also nich' normal'n also bei den anderen schul'n zum beispiel da macht doch immer der lehre:r (.) so zum beispiel wie mach'n wir jetz' diese aufgabe: oderso: wo man sich immer meldet und redet ja;

◄

3.3.2 Strategien und Taktiken des Entzugs pädagogischer Kontrolle

Wie bereits deutlich wurde, werden mit der Einführung digitaler Medien in Schule von den Jugendlichen nicht nur neue Möglichkeiten, sondern auch Begrenzungen für die Aneignung des Unterrichts erfahren. Die Implementierung der Geräte, die in der untersuchten Schule aber auch an den meisten anderen Schule auch privat als Unterhaltungs-, Kommunikation-, Spiel- und Einkaufsmedium etc. genutzt werden, womit eine Differenzierung von Räumen, Zeiten und Inhalten schwerfällt, führt auch in der Praxis zu Einschränkungen in Form der pädagogischen Kontrolle durch die Lehrer*innen. In unseren Beobachtungen und Auswertungen zeigt sich somit eine nach wie vor bestehende generationale Differenz darin, dass Lehrende die Nutzung digitaler Medien regulieren und einhegen. Abweichendes Nutzungsverhalten wird diszipliniert und sanktioniert (Thiersch und Wolf 2021). Als Reaktion auf diese pädagogischen Reglementierungen entwickeln die jugendlichen Schüler*innen Strategien und Taktiken, sich diesen zu entziehen. Auch diese Entzugs- und Verheimlichungspraktiken sind nicht neu für Unterricht und pädagogische Beziehungen (z. B. auch für familiale Beziehungen). In allen erhobenen Gruppendiskussionen werden die Aushandlungen der unterrichtlichen und schulischen Regeln zur Anwendung der digitalen Geräte und zum Umgang mit diesen Regeln zentralthematisch. In der Jungendiskussion dokumentiert sich dabei ein Wettbewerb der „besten" Tarnungstaktiken unter den Schüler*innen.

3.3 Jugendliche Peer-Erfahrungen mit digitalen Medien in der Schule

„Die best'n Strategien"

Sm4:	ich finde=es auch- ich finds auch sehr schön dass viele lehrer mittlerweile gar nich mehr mittbekomm'n wenn irg'nd 'n schüler gerade beim zock'n is weil die meist'n schüler mittlerweile einfach äh: die best'n strategien entwickelt hab'n
Sm3:	⌞ man kann zum beispiel umgeh'n dass man sieht was man im browser macht in dem man einfach nich (macht)
Sm1:	ja: siehe siehe Florentin* der in der ecke sitzt und ähm äh ich mein der arbeitet
Sm4:	@der arbeitet ja@

◄

Waren es im ersten Protokoll die mangelnden Fähigkeiten der Lehrenden, amüsieren sich (Sm4: „ich finds auch sehr schön") die Schüler*innen hier über ihre fehlende Wahrnehmung für die digitalen Verschiebungen im Unterricht. Die Möglichkeiten der Tablets eröffnen nicht nur einen erweiterten Handlungsrahmen für das Lehren und Lernen, es ermöglicht Schüler*innen auch auf der Hinterbühne neue Praktiken wie dem Spielen, Surfen oder Malen auf dem Tablet. In der Art und Weise der Thematisierung kommt jedoch auch eine Irritation darüber zum Ausdruck, dass die Lehrenden die Kontrolle über das Unterrichtsgeschehen und die schüler*innenseitigen Unterrichtspraktiken verloren zu haben scheinen. In der jugendlichen Belustigung zeigt sich erneut die Selbstwahrnehmung und -überhöhung technischer Dominanz. Mit den „best`n strategien" wird besonders deutlich, dass die Jugendlichen sich in der Anwendung digitaler Technologien und im Aushebeln der reglementierten Nutzung überlegen fühlen und Vorgehensweisen entwickelt haben, möglichst unerkannt in den Arbeitsphasen zu spielen. Einerseits wird dieser Umstand begrüßt, andererseits dokumentiert sich in der distanzierten Rede ein Orientierungsrahmen, der an schulischen Handlungsstrukturen und generationalen Differenzen festhält. In der Überhöhung der raffinierten Taktiken äußert Sm4 gewissermaßen auch ein Verständnis für das Nicht-Erkennen dieser eigentlich unerlaubten Praktiken durch die Lehrenden. Damit kommt auch hier eine implizite Relativierung des dokumentierten Dominanzgestus der technologischen Überlegenheit zum Ausdruck. Denn die subversiven Praktiken der Regelumgehung sind einerseits Ausdruck der Anerkennung der Regeln, sonst bräuchte es keine „best'n strategien". Andererseits braucht diese Form jugendlicher „Devianz" die Regeln als handlungslogische Negativfolie, da ihr Anerkennungspotenzial nicht in der Ablehnung der Regeln, sondern in deren möglichst unauffälliger Nicht-Einhaltung liegt. Diese Form der Unterwanderung des Regelapparats lässt sich somit in peerkultureller Hinsicht als „brauchbare Informalität" beschreiben. Dabei ist auch diese soziale Praxis nicht neu. Seit es die Schule gibt, finden jugendliche Schüler*innen im Unterricht auf der Hinterbühne – unabhängig vom konkreten Medium (z. B. die Studie zum „Zettel schreiben" von Bennewitz 2009) – Wege, ihre präferierten Praktiken und Interessen der Kommunikation und Unterhaltung umzusetzen. Der nächste Wortbeitrag im Fallbeispiel erörtert eine konkrete Strategie („man kann zum beispiel umgeh'n dass man sieht was man im browser macht in dem man ein-fach nich (macht)"), die eine retrospektive Entlarvung abwendet. Dabei spricht Sm3 im Expertenduktus, der noch weitere Strategien und Taktiken aufzählen könnte. Allerdungs wird nun für die Praxis des Browserlöschens auf einen Schüler eingegangen, der durch seine Sitzposition im physischen Raum anscheinend besonders gute Voraussetzungen für die Verschleierungspraktiken hat. Gewissermaßen genießt er einen Wettbewerbsvorteil, weil er keine unmittelbare Kontrolle fürchten muss. Auch hier wird die Unterrichtspraxis ironisiert („ich mein der arbeitet") und auf die Uneindeutigkeit schüler*innenseitiger Praktiken im Unterricht verwiesen. Angesichts der Gleichzeitigkeit von Lern- und Unterhaltungsmedium ist es weder für die Lehrer*innen noch für die Mitschülerinnen zu identifizieren, wie das iPad von einzelnen Schüler*innen genutzt wird. Das Tablet entgrenzt so den Handlungsrahmen schulischen Unterrichts. Pädagogische Kontroll- und Kontingenzprobleme, von denen sich mitunter versprochen wird, sie mit digitalen Medien in den Griff zu bekommen, erfahren paradoxerweise eine Verschärfung. Mit dem lachend Gesprochenen „der arbeitet ja" dokumentiert sich darüber hinaus eine kritische Kommentierung des Unterrichtskonzepts, nach dem die Schüler*innen individualisiert und eigenverantwortlich lernen (sollen).

▶ **Zusammenfassung der Ergebnisse** Es lässt sich festhalten, dass die Schüler*innen zwischen einer Akzeptanz der Regeln und einem Ausloten, das Kontroll- und Disziplinierungsregime zu umgehen, changieren. In unseren Beobachtungen und den geführten Gruppendiskussionen wird deutlich, dass auf die mediale Entgrenzung die pädagogische Praxis konservativ mit Disziplinierungs- und Regulierungspraktiken reagiert. In der Thematisierung der Schüler*innen stellt sich dies als ein Wettstreit zwischen pädagogischer Kontrolle auf der einen und den verdeckten Strategien, um sich dieser Überwachung zu entziehen und diese auszuhebeln, auf der anderen Seite dar. Schüler*innenpraktiken nehmen angesichts der neuen Bezugsobjekte neue kulturelle Formen an und beinhalten potenziell neues und schwer zu kontrollierendes Ablenkungspotenzial. Insgesamt zeigen sich typische Verhältnisse von Schule bzw. Lehrkräften und Jugendlichen. Schule erscheint für die Jugendlichen als ein Raum, der ihnen die Möglichkeit bietet, mit modernen Kommunikations- und Informationstechnologien eigenständig zu arbeiten und diese anzuwenden. Zugleich wird der Gebrauch eingeschränkt und begrenzt. Kennzeichnend für Jugend, gerade in der Schule, ist hier die Auseinandersetzung mit Autonomie und Regeln, die unter den Peers diskutiert und ko-konstruktiv bearbeitet werden (vgl. Abschn. 4.3).

Zusammenfassend werden in allen Gruppendiskussionen Erweiterungen, Verschiebungen und Übersetzungen thematisiert, die mit dem Gebrauch digitaler Medien – nicht nur in Schule und Unterricht – einhergehen. Die Einführung neuer Informations- und Kommunikationstechnologien führt zu Auseinandersetzungen mit und Positionierungen zur (Schul-)Welt. In der Art und Weise der Thematisierung rufen alle Gruppen – selbst die technisch „Überlegenen" – eine pädagogisch gestiftete Verantwortung der Lehrenden an. In dieser Adressierung platzieren sich – gerade auch in der Frage, wie iPads in der Schule genutzt werden sollten – die Jugendlichen selbst als jüngere Generation und erkennen somit die generationale Differenz der pädagogischen Beziehung an. Jugend wird intergenerational in den Beziehungen zu erwachsenen Bezugspersonen wie Eltern und auch Lehrkräften hergestellt. Hier haben Anerkennungsverhältnisse und Adressierungen als generationale Ordnungen Bedeutung, als was und wie Jugendliche hervorgebracht werden. Die Erwachsenen-Generation begrenzt die Räume von Jugendlichen, um die jeweilige generationale Ordnung aufrechtzuerhalten (vgl. Abschn. 4.1).

3.4 Jugendliche in gesellschaftlichen Krisen und vor ungewissen Zukünften

Krisen sind konstitutiv für die moderne Gesellschaft und die Adoleszenzphase. In der Betrachtung von Jugend als Übergangphase in der Biografie mit eigenen Entwicklungsanforderungen wurden bereits der strukturelle Krisenbewältigungsprozess in der Entstehung des Neuen in der Adoleszenz thematisiert (vgl. Abschn. 1.3 und 4.2). Damit einher gehen vor allem zentrale Sinn- und Lebensfragen, zu denen Jugendliche positioniert werden und sich positionieren müssen. Die Antworten auf diese Fragen müssen sich dabei immer erst bewähren, bevor sie zu handlungsleitenden Routinen des Alltags werden können.

Ging man lange von einer relativen Kontinuität der gesellschaftlichen Bedingungen aus und wurden Individuationskrisen im Rahmen beziehungsstruktureller Konstellationen in zentralen Sozialisationsräumen erforscht, sind zunehmend die Erfahrungen von Jugendlichen in einer Multikrisengesellschaft, die selbst mit Ungewissheiten und Umbrüchen konfrontiert ist, zu erforschen. Ungewissheiten dokumentieren sich darin, dass bekannte Handlungsroutinen, Normen und Bilder des Lebens und ihre zukünftige Geltung in Frage stehen und somit krisenhaft erlebt werden. Jugendliche, die sich ohnehin in einer sensiblen Übergangsphase zwischen Kindheit und Erwachsenenalter befinden, sehen sich in gesellschaftlichen Krisenzeiten aufgrund eingeschränkter Handlungsmöglichkeiten und fehlender Perspektiven verstärkt Herausforderungen ausgesetzt, zugleich sind Krisen für sie aber immer auch Möglichkeitsräume der Entstehung neuer Welt- und Selbstentwürfe (King 2013).

In den folgenden zwei Fallbeispielen wird exemplarisch an der Corona-Krise diskutiert, wie Jugendliche ihren Alltag in dieser gesellschaftlichen Krise erfahren haben, wie sie diese wahrnehmen und im Zusammenspiel von äußerer Kriseninduktion und innerer Krisenbearbeitung bewältigen (vgl. auch Thiersch 2025; Thiersch et al. 2025). Untersuchungen zeigen, dass besonders Jugendliche mit psychosozialen Belastungen, Ängsten und Erkrankungen auf die Einschränkungen reagierten (z. B. Entringer und Kröger 2020, S. 3; Ravens-Sieberer et al. 2023). Die Fallbeispiele stammen aus einer quantitativen Untersuchung zum Wohlbefinden von Kindern und Jugendlichen während der Schulschließungen (Nonte et al. 2025). Ausgangspunkt der Analyse war das Phänomen, dass in der Muntermacher-Studie die befragten Kinder und Jugendlichen die offenen Fragen zum Erleben der Coronakrise sehr viel ausführlicher beantwortet haben, als dies in quantitativen Befragungen üblich ist. Das Durchbrechen des formalisierten Charakters eines Fragebogens ist bereits als ein Ausdruck des großen Mitteilungsbedürfnisses und des Reflexionsbedarfs auf Seiten der Jugendlichen in der gesellschaftlichen Krise zu deuten. Der Online-Fragebogen wird so zum einen als ein öffentlicher Artikulationsraum wahrgenommen, den es außerhalb von sozialen Medien in der pandemischen Krise für junge Menschen kaum gab und der für die Jugendlichen die Chance eröffnet, öffentlich gehört zu werden. Zum anderen stellt die anonyme Schriftlichkeit nicht nur eine bekannte mediale Praxis für die Jugendlichen dar, sondern ermöglicht Äußerungen und Selbstreflexionen, die in Face-to-Face Erhebungen (z. B. Interviews) aufgrund des Interaktionsdrucks nicht generiert werden. Die langen Antworten im Fragebogen deuten nun darauf, dass die Jugendlichen in einen vom Interaktionsdruck entlasteten, fiktiv-antizipierten Dialog mit der Außenwelt (wie z. B. in einem Tagebuch) treten und dieses Format nutzen, um sich – reflexiv und „quasi-therapeutisch" – mit der Pandemie und ihrer Situationen auseinanderzusetzen. Das Erkenntnisinteresse richtet sich insofern auf die Verbindung von persönlicher Adoleszenzkrise und einer gesellschaftlich kommunizierten Krise. In den Antworten dokumentieren sich krisenbezogene Konstruktionen und Bearbeitungsformen der Heranwachsenden, die methodisch mit der Objektiven Hermeneutik analysiert wurden.

In der Analyse konnten vier Typen herausgearbeitet werden: Neben den hier vorgestellten Typen der Entbehrungs- bzw. Verzichtskrise (Fall Manuel) sowie Ordnungskrise (Fall Helena) konnten noch zwei weitere Typen rekonstruiert werden, die aktiv die Krise bewältigen bzw. aneignen. So nehmen einige Jugendliche gesellschaftliche Krise auch als Ermöglichungskrise wahr, um entschleunigt und befreit von alltäglichen Ordnungsstrukturen sich selbst zu finden. Ein vierter Typ der Benachteiligungskrise artikuliert, als wären die Jugendlicher Sprecher*innen ihrer Generation, die Nachteile durch Klima-, Kriegs- und Gesundheitskrisen (Thiersch 2025).

3.4.1 Offenbarung in der Verzichts- und Entbehrungskrise

In ersten Fall handelt es sich um den 17-jährigen Manuel, der zum Erhebungszeitpunkt die 12. Klasse einer Gesamtschule besucht. Manuel thematisiert in seinen schriftlichen Antworten nicht die Maßnahmen in der Krise an sich, sondern vielmehr die damit verbundenen Entbehrungen und Verzichtserfahrungen für Jugendliche. Er schließt dabei – sprachlich elaboriert – an öffentliche Diskurse und Narrative an, die stilistisch an journalistische Feuilletonartikeln überregionaler Zeitungen erinnern. Er gehört damit zu jenen Jugendlichen, die sich mit ihren langen Antworten als Sprachrohr ihrer Generation verstehen und – mitunter moralisierend – auf die mit der Krise für sie verbundenen Belastungen und Zumutungen hinweisen. Auf die Frage „Was würdest du dir für dich und deine Freunde wünschen? Was würdet ihr gerne gemeinsam machen?" schreibt Manuel.

„Was vielen gefehlt hat"	
Manuel:	Was vielen lange gefehlt hat war körperliche Nähe. Die würde ich mir wünschen. Zum Glück kann das mittlerweile immer mehr nachgeholt werden, da viele Schüler mittlerweile geimpft sind (mich eingeschlossen). <Zeilenumbruch>Was wir als Freunde wirklich gerne wieder machen würden, ist uns in unseren vertrauten Gruppen zu treffen, auch auf Events zu gehen oder einfach gemeinsam wieder längere Zeiten miteinander zu verbringen gehören dazu. <Zeilenumbruch> Blöd gesagt, aber ich würde auch gerne mit jemandem Schlafen XD (XD=Smiley für ein breites Lachen) ◄

Obwohl die Frage auf persönliche Zukunftswünsche Manuels abzielt, schreibt dieser zunächst nicht über sich, sondern retrospektiv „was vielen gefehlt hat". Auffällig ist nun, dass er – genau genommen – aber auch nicht authentisch über andere und als Mitglied dieser Gruppe im Sinne „Was uns gefehlt hat" schreibt und damit zu einem distanzierten bzw. diagnostischen Beobachter seiner Gruppe bzw. Generation wird. Der Satz ist sinnlogisch in Kontexten professionellen Handelns (in sozialen, pädagogischen oder gruppentherapeutischen Settings) denkbar, da er zu einer stellvertretenden Deutung ansetzt. Der Gruppe, über die gesprochen wird, wird damit Hilfe- oder Unterstützungsbedarf attestiert. Manuel inszeniert sich, obwohl er sich selbst nicht in der Generation bzw. Gemeinschaft verorten kann, nicht nur als Sprachrohr, sondern somit auch als empathischer Experte seiner hilfsbedürftigen Generation. Diese *Selbstexpertisierung* im Spannungsfeld zwischen empathisch-professioneller und zugleich distanziert-diagnostischer Deutung macht einen Modus deutlich, in dem er die Krise als Generationssprecher für Krisenkommunikation und Experte der aktuellen Weltlage bearbeitet.

Diese aufgeladene Figur ersetzt die Antwort eigener Zukunftswünsche und entthematisiert eigene oder gemeinsame Erfahrungen in der Krise. Anders als z. B. ein „Was lange gefehlt hat", was eine Ankündigung einer sachhaltigen Analyse wäre, verweist die strukturell übergriffige und anmaßende Form „was vielen lange gefehlt hat" auf einen *moralisierenden Jargon*, der vorgibt, über die Befindlichkeiten der eigenen Generation Bescheid zu wissen. Besonders die Kombination aus dem Adverb „viel" und dem Adjektiv „lange" macht diesen Krisenjargon deutlich. Die Thematisierung Manuels hinsichtlich seiner Wünsche im Kontext der Peers macht jedoch eine persönliche Betroffenheit und Aktualität nach wie vor deutlich, die folglich unabhängig der gesellschaftlichen Krisenkommunikation existiert. Zum Ausdruck kommt eine charismatische Identitätspolitik, indem Manuel eigene Wünsche auf die Probleme seiner Generation in der Krise projiziert.

Im Folgenden wird nun ein konkretes Bedürfnis der Generation thematisiert („körperliche Nähe"). Mit „körperliche Nähe" wird eine Praxis beschrieben, die zwischen Sozialität, Körper und Intimität anzusiedeln ist. Der elementare Wunsch des körperlichen Kontakts verweist dabei auf keinen authentischen Ausdruck für ein Intimitätsverlangen. Auch „körperliche Nähe" drückt erneut eine distanzierte Haltung zum Thema aus. Verwendet wird diese Beschreibung etwa in Kontexten, in denen es um Beratungen oder Therapien geht (z. B. in der Behindertenhilfe oder bei Senioren). Manuel macht sich sinnlogisch damit ein weiteres Mal zum Experten. Die Charismatisierung liegt hier im versteckten gesellschaftlichen Appell, dass Jugendlichen der Kontakt wieder ermöglicht wird. Nehmen wir das Kontextwissen hinzu, dass zum Zeitpunkt des Interviews Kontakte wieder möglich waren, wird deutlich, dass er die gesellschaftliche Krisenkommunikation zur Bearbeitung persönlicher Krisen und diffuser Beziehungsbedürfnisse nutzt. Es zeigt sich eine Spannung zwischen den unbearbeiteten inneren Wünschen bzw. Widersprüchen und der starken Bearbeitung dieser im Außen. Für diese Externalisierung stellen Deutungsmuster und Jargon der Krise geeignete Projektionsflächen bereit, sie schieben aber zugleich die adoleszente Auseinandersetzung damit auf. In der Kritik an den Maßnahmen wie Schulschließungen oder Kontaktbeschränkungen, mit denen jugendlichen Entbehrungen einhergingen, wird eine *Selbstoffenbarung* virulent, nicht an jugendspezifischen Praktiken teilhaben zu können.

Manuel wechselt anschließend mit „die würde ich mir wünschen" die Perspektive als Generationssprecher und Experten und kommt manifest als Ich-Sprecher zur Beantwortung der Frage, was er sich für die Zukunft wünschen würde. Der Wunsch selbst wird erneut im Modus der Kritik und des moralischen Appells vorgetragen. In der exponierten Thematisierung der Sache wird paradoxerweise deutlich, dass diese handlungspraktisch nicht realisierbar erscheint. In dieser Spannung wird ein moralischer Druck im Sinne „das steht mir oder anderen zu" aufgebaut. Folglich wird das Außen paternalistisch adressiert, auch für die eigenen adoleszenztypischen Klemmen, verantwortlich zu sein. Ebenfalls der Konjunktiv zeigt, dass der Wunsch nicht erfüllbar und insofern als frommer Wunsch sinnlogisch zu betrachten ist. So amalgamieren sich hier Krisenjargon und ein eigenes leidvoll erfahrenes Bedürfnis.

3.4.2 Ohnmacht in der Ordnungskrise

Bei Helena wird deutlich, dass Jugend, wie auch schon in den Aussagen der Schüler*innen der Gruppendiskussionen deutlich wurde, heute vor allem in und durch Schule hervorgebracht wird. Insbesondere die Schulschließungen bedeuten in der Coronakrise für Helena ein Hereinbrechen des Verlustes von Normalitätsvorstellungen und Handlungsroutinen des Alltags. Der Gegenstand des inneren Leids ist bei ihr die Unmöglichkeit in der Coronakrise, jugendliche Schülerin sein zu dürfen. Die für diese eher (wert-)konservativen Schüler*innen, wie Helena, so zentrale Bearbeitung der Kontingenzen von Selbst und Welt in verlässlichen und haltgebenden schulischen Strukturen bleibt während der Krise versperrt. Auf die Frage, was sich Helena persönlich wünschen würde, schreibt sie Folgendes:

„Wenn man älter ist, hat man auch nicht mehr so viel Zeit"

Helena: *Ich würde mir wünschen, dass wir es jetzt wieder nutzen, dass man ins Kino gehen kann, schwimmen gehen kann oder andere schöne Sachen machen kann, die während der Home-Schooling- Zeit einfach viel zu kurz gekommen sind. Wir würden auch gerne Tagesausflüge machen, dafür müssen wir ja nicht lange mit dem Zug fahren, M.-Stadt oder H.-Stadt wären doch schon gute Optionen. Ich wünsche mir einfach, dass wir unsere Jugendzeit genießen, so oft es möglich ist, denn wenn man älter ist, hat man auch nicht mehr so viel Zeit.*

◄

Zunächst wird in diesem Auszug deutlich, dass Jugendlichen die öffentlichen kulturellen Räume in der Krise versperrt und entzogen waren. Auffällig ist nun, dass Helena, wie die meisten Jugendlichen in der Untersuchung auch, dabei im Wunschmodus verbleibt („ich würde mir wünschen"), obwohl zum Zeitpunkt der Erhebung die meisten kulturellen Einrichtungen wieder uneingeschränkt genutzt werden konnten. Anders als ein „ich wünsche mir" verweist der Konjunktiv auf eine Einschränkung des Wunsches, der die Verwirklichung fraglich erscheinen lässt. Der Wunsch ist folglich an äußere Bedingungen geknüpft, die sich dem Einfluss des eigenen Handelns entziehen. Vor dem Hintergrund dieser Interpretation werden etwas überraschend dann aber nicht die den Wunsch einschränkenden äußeren Bedingungen (im Sinne „Ich würde mir wünschen, dass wir wieder ins Kino gehen können"), sondern die Handlungsfähigkeit der eigenen Peer-Group bzw. Generation adressiert („dass wir es jetzt wieder nutzen"). Damit rücken in dieser Antwort theoretische Überlegungen im Zusammenspiel von „Optionen zu haben" und „diese zu nutzen" in den Blick. Diese verweisen darauf, dass Helena sinnlogisch die mangelnde jugendliche Wahrnehmung der wieder eröffneten Freizeitmöglichkeiten bedauert. Latent kritisiert sie damit ihre Generation und sich selbst für das passive Einrichten in der Situation. Zugleich kommen bezüglich der gemeinschaftlichen außerschulischen Aktivitäten mit Peers eine Ohnmächtigkeit und ein Leid zum Ausdruck. Helena fehlen äußere Ordnung und der Impuls von außen. Dabei geht es Helena um gesellschaftlich etablierte und akzeptierte Kulturräume (Kino, Schwimmbad, Städte) und keine subkulturellen Praxen und Vergemeinschaftungsformen. Über die Möglichkeit der kulturellen Teilhabe erhofft sich Helena die Wiederherstellung von Normalität, Sinnstiftung und bekannter Handlungsroutinen. Allerdings verbleiben ihre Wünsche auf einer theoretischen Ebene („Wir würden auch gerne Tagesausflüge machen") und es werden keine Handlungspotenziale sichtbar. Im Entgegenkommen „dafür müssen wir ja nicht lange mit dem Zug fahren, M.-Stadt oder H.-Stadt wären doch schon gute Optio-

3.4 Jugendliche in gesellschaftlichen Krisen und vor ungewissen Zukünften

nen" und der Akzeptanz der Umstände dokumentiert sich dabei eine *Bescheidenheit und Anpassungsbereitschaft* und eine *Selbstbeschränkung* der eigenen Jugendphase.

Bemerkenswerterweise kommt es im Folgenden zu einem Perspektivenwechsel und Helena nimmt die Sprechposition der älteren Generation ein („Jugendzeit genießen, so oft es möglich ist"). Sie bringt damit eine hohe Sensibilität für die Verzeitlichung des Lebens, also für das Vergehen und die Knappheit der Zeit, zum Ausdruck. Damit hat sie sich in der inneren Realität bereits ein Stück weit von der eigenen Jugendzeit verabschiedet. Für das, was sich einstellen sollte („Jugendzeit genießen"), gibt es zwar theoretische Entwürfe, eigene Handlungspotenziale, die „Jugendzeit" zu füllen, werden aber nicht ersichtlich. „So oft es möglich ist" verweist sinnstrukturell zum einen auf die Sehnsucht, zum anderen auf den Seltenheitscharakter. Die Vorstellungen und Handlungsroutinen eines „Normalablaufs" der Jugendzeit sind damit irritiert. Manifest werden zwar die Wünsche auf die Maßnahmen bezogen, latent zeigt sich aber eine grundsätzliche Ernüchterung bezüglich der Jugendzeit, die im Fragebogen bearbeitet und reflektiert werden. Es geht insofern gar nicht mehr um die Corona-Krise als vielmehr um eine Krise ihrer Jugend und eine Krise des Lebensnormalmodells („denn wenn man älter ist, hat man auch nicht mehr so viel Zeit"), die auf die Corona-Krise projiziert werden.

Die Corona-Krise wird folglich von Helena als eine Ordnungskrise erfahren. Das zeigt sich besonders darin, dass mit den Maßnahmen wie Schulschließungen, Isolation und Quarantäne ein Verlust von stabilen und verlässlichen Strukturen (z. B. in der Schule) wahrgenommen wird. Dieses Wegbrechen bekannter Handlungsroutinen zeigt sich sinnstrukturell besonders in massiven Verunsicherungen des Selbst dieser Jugendlichen. Auf die Frage, was sie während der Schulschließungen als besonders schwierig empfand, was im Vergleich zu einem auf Handlungskompetenzen abzielendem „schwer" bereits eine persönliche emotionale Betroffenheit unterstellt, schreibt Helena:

> **„Am aller schlimmsten war"**
>
> Helena: | Am aller schlimmsten war, dass ich keinen persönlichen Kontakt mehr mit meinen Mitschüler/innen und den Lehrern zum Austausch hatte. Es war auch schwer, dass man sich alles auf gut Glück selber beibringen musste, ohne zu wissen, ob das jetzt richtig war. Außerdem sollten die Lehrer auch vielleicht nochmal die wichtigsten Sachen wiederholen, die wir uns im Homeschooling selber beibringen mussten, damit wir alle auf dem gleichen Stand sind.

◀

Vor dem Hintergrund der Frage führt Helena mit „am aller schlimmsten war" die Steigerungslogik von einem „besonders schwierig" bezüglich der sozioemotionalen und psychosozialen Aspekte der Krise fort. Verwiesen wird dabei auf ein Unwahrscheinlichkeitsmotiv: Nicht das „Eigentliche" bzw. objektiv so Erscheinende der Sache an und für sich ist handlungspraktisch für sie problematisch, vielmehr verbindet sie ein nicht zu antizipierendes Leid in der Gefühlswelt mit den Schulschließungen. Sie thematisiert damit etwas Unerwartetes oder Hintergründiges der inneren Realität, das nicht ab- bzw. vorhersehbar war und passiv erlebt worden ist.[1] Im sachlichen Bezug „dass ich keinen persönlichen Kontakt mehr mit meinen Mitschüler/innen und den Lehrern zum Austausch hatte" wird dann deutlich, dass sich dabei unterschiedliche Problemlagen zusammenschieben. Die distanzierte Rede, die sich in der Formulierung „Kontakte" ausdrückt, bricht damit die vorher geäußerte Selbstbetroffenheit. Wörtlich wird beklagt, dass ihr durch die Corona-Maßnahmen die „Kontaktmöglichkeiten zu Peers und Lehrkräften zum Austausch" genommen wurden. Die Maßnahmen werden dafür verantwortlich gemacht, dass die theoretischen Optionen des Kontaktes und Austausches vor Ort verloren gehen. Der Status quo ihrer Beziehungen vor der Corona-Pandemie wird auf diese minimalen Formen der sozialen Kooperation reduziert und funktionalisiert. Mit „persönlichen Kontakt" als Face-to-Face-Begegnung wird eine Differenz zu distanzierten, digital ermöglichten Kontakten eröffnet. Helena leidet damit am Wegbrechen rollenförmiger Beziehungen und der Strukturierung des Alltags durch die Schule im pandemischen Home-Learning. Für konforme jugendliche Schüler*innen mit leistungs- und schulaffinen Haltungen („ob das jetzt richtig war") wie Helena, die sich an einer traditionellen Verfasstheit und der regulativen Ordnung schulischen Unterrichts orientieren, geben die rollenförmigen Beziehungen in Schule Halt und Sicherheit. Hier potenziert sich also das Krisenerleben im zeitweiligen Verlust der Schüler*innenrolle. Mit diesem Quasi-Tagebucheintrag kommt damit auch ein Sehnen nach generationaler Ordnung und stabiler kollektiver Kultur zum Ausdruck, die angesichts zunehmender Krisen und Individualisierungstendenzen erodieren. Für Schüler*innen wie Helena sind insofern „schlecht" auf Krisen vorbereitet, weil sie in ihren Normalitätsvorstellungen und Handlungsroutinen fundamental erschüttert werden.

▶ **Zusammenfassung der Ergebnisse** Während also der Fall Helena exemplarisch dafür steht, dass die Krise ohnmächtig als Ordnungskrise erlebt worden ist, die zu einem Verlust von stabilen und verlässlichen Strukturen (z. B. in

---

[1] Bei einem Beinbruch könnte man so etwa sagen: „am allerschlimmsten waren nicht die Schmerzen, sondern 100 Tage auf dem Sofa zu sitzen". Davon ist bspw. mit einem „schlimm war" eine moralische und distanzierte Sachrede abzugrenzen, in der „lediglich" die Schwierigkeit des Inhalts beurteilt werden.

3.4 Jugendliche in gesellschaftlichen Krisen und vor ungewissen Zukünften

der Schule) führten, erfährt Manuel die Corona-Pandemie als eine Entbehrungskrise, an der in einer Art Selbstoffenbarung das Problem bearbeitet wird, nicht an jugendspezifischen Praktiken und Themen teilhaben zu können.

Es fehlen für das adoleszente Selbst in der gesellschaftlichen Krise in beiden Fällen folglich Orientierungsfiguren, die eine Positionierung ermöglichen, unabhängig davon, ob es sich dabei um ein Anschließen oder ein Abgrenzen bzw. Ablösen handelt. Diese Jugendlichen sind somit massiv mit der Bewältigung sowohl der Gesellschafts- als auch der Adoleszenzkrise konfrontiert. Die in den Fällen beschriebenen Verluste der Ordnung und jugendspezifischer Entfaltungsmöglichkeiten eines Moratoriums gehen mit Unsicherheiten, Ohnmachtserfahrungen und grundlegenden Fragen des Lebens im Individuationsprozess einher.

▶ **Zusammenfassung des Kapitels** In diesem Kapitel wurden in den Fallrekonstruktionen Themenbereiche und Sozialisationsräume fokussiert, die für Jugendliche zentral sind. Erstens ging es um die Interaktion in der Familie, zweitens um das Verhältnis von jugendlichen Peers zur Schule und zu Medien und drittens rückte die Wahrnehmung, Erfahrung und Bewältigung des Nexus von Adoleszenz- und einer Gesellschaftskrise wie der Coronakrise in den Blick. Betont wurden somit drei historische Ausgangsmomente von Jugend(en): die – im Vergleich zu früheren Gesellschaftsphasen – engere und längere Verzahnung der Lebensphase mit dem Bildungssystem, die mit diesem Bildungsmoratorium einhergehende Herauslösung aus und Ablösung von der Familie sowie schließlich die Perspektive auf Jugendliche als sensible Seismografen für und Betroffene von krisenhaften Entwicklungen der Moderne. Deutlich wurde bereits anhand der ausgewählten Fallbeispiele, dass die Sichtweisen und Erfahrungen von Jugendlichen so heterogen sind, dass sie mit Einheitskonzepten von Jugend nicht zu erklären sind.

Reflexion des Wandels und der Stabilität von jugendlichen Peergroups

Um jugendliche Erfahrungen mit und Perspektiven auf Schule zu untersuchen, werden mit ihnen in der Forschung schon seit über 50 Jahren Gruppendiskussionen durchgeführt. Lesen, interpretieren und vergleichen Sie die in Abschn. 3.2 rekonstruierten Gruppendiskussionen mit dem Auszug „Über die Lehrer*innen" aus einem „Klassiker" der Jugendsubkulturforschung „Spaß am Widerstand. Gegenkultur in der Arbeiterschule" von Paul Willis (1979, S. 24) und beantworten Sie die folgenden Fragen:

1. Welche Gemeinsamkeiten und welche Unterschiede lassen sich bezüglich der jugendlichen Sicht auf Schule und Lehrer*innen herausarbeiten?
2. Was hat sich Ihrer Meinung nach im Verhältnis von Jugend und pädagogischen Institutionen wie der Schule verändert? Was ist stabil geblieben?

„Spaß am Widerstand"

Joey:	(…) sie können uns bestrafen. Sie sind größer als wir, sie vertreten ein größeres Establishment als wir, weil, wir sind klein und sie vertreten die größeren Sachen, und man versucht ja nur, den eignen Kram zu machen. Es ist, äh, glaub ich, die Ablehnung der Autorität.
Eddie:	Die Lehrer meinen, sie sind groß und stark, weil sie Lehrer sind, aber in Wirklichkeit sind sie niemand, sie sind einfach gewöhnliche Menschen, oder nicht?
Bill:	Die Lehrer glauben wunder was sie sind. Sie sind mehr, sie stehen höher als wir, aber sie glauben, sie stehen sehr viel höher, und das tun sie nicht.
Spansky:	Ich wollte, wir könnten sie mit dem Vornamen an reden und so … sie glauben, sie sind Gott.
Pete.:	Das wär schon viel besser.
PW:	Was, du sagst, sie stehen höher? Akzeptierst du etwa, daß sie alles besser wissen?
Joey:	Ja, aber das heißt nicht, daß sie über uns stehen, nur weil sie ein bißchen intelligenter sind.
Bill:	Sie sollten uns so behandeln, wie sie von uns behandelt werden wollen.

◄

Literatur

Albert, M., Hurrelmann, K., & Quenzel, G. (2015). *Jugend 2015. 17. Shell Jugendstudie.* Frankfurt: Fischer Taschenbuch.
Bennewitz, H. (2009). Zeit zu Zetteln. Eine Praxis zwischen Peer- und Schülerkultur. In H. Boer & H. Deckert-Paeceman (Hrsg.), *Kinder in der Schule. Zwischen Gleichaltrigenkultur und schulischer Ordnung* (S. 119–136). Wiesbaden: Springer VS.
Bernfeld, S. (1931). Trieb und Tradition im Jugendalter. Kulturpsychologische Studien an Tagebüchern. *Zeitschrift für angewandte Psychologie.* Beiheft 54.
Böhme, J., Hummrich, M., & Kramer, R.-T. (Hrsg.) (2015). *Schulkultur. Theoriebildung im Diskurs.* Wiesbaden: Springer VS.
Bohnsack, R. (1989). *Generation, Milieu, Geschlecht. Ergebnisse aus Gruppendiskussionen mit Jugendlichen.* Wiesbaden: Springer VS.
Bohnsack, R. (2010). *Rekonstruktive Sozialforschung. Einführung in qualitative Methoden.* 8. Aufl. Opladen: Barbara Budrich.

Literatur

Bohnsack, R., Przyborski, A., & Schäffer, B. (Hrsg.) (2006). *Das Gruppendiskussionsverfahren in der Forschungspraxis*. Opladen: Barbara Budrich.

Bühler, C. (1922). *Das Seelenleben des Jugendlichen. Versuch einer Analyse und Theorie der psychischen Pubertät*. Jena: Verlag G. Fischer.

Bünting, L. (2017). Beste Freundinnen? Rollenunsicherheiten in der Mutter-Tochter-Beziehung aus adoleszenztheoretischer Perspektive. In Hannover Institut für Erziehungswissenschaft der Leibniz Universität Hannover, *falltiefen. Beiträge aus der kasuistischen Lehrerbildung am Institut für Erziehungswissenschaft*. (S. 9–30) 3. Ausgabe. Hannover.

Entringer, T., & Kröger, H. (2020). Einsam, aber resilient – Die Menschen haben den Lockdown besser verkraftet als vermutet. *DIW aktuell*, 46.

Hepp, A. (2020). *Deep Mediatization. Key Ideas in Media & Cultural Studies*. London: Rouledge.

King, V. (2013). *Die Entstehung des Neuen in der Adoleszenz. Individuation, Generativität und Geschlecht in modernisierten Gesellschaften*. Wiesbaden: VS Verlag.

Krotz, F. (2001). *Die Mediatisierung kommunikativen Handelns. Der Wandel von Alltag und sozialen Beziehungen, Kultur und Gesellschaft durch die Medien*. Wiesbaden: VS Verlag.

Labede, J., Silkenbeumer, M., Thiersch, S. & Wernet, A. (2020). Selbstpositionierungen im Bildungsaufstieg – Bildungsselbst, Familiale Dynamiken und adoleszente Transformationsprozesse. In S. Thiersch, M. Silkenbeumer & J. Labede (Hrsg.), *Individualisierte Übergänge. Aufstiege, Abstiege und Umstiege im Bildungssystem* (S. 185–205). Wiesbaden: VS Verlag.

Labede, J., & Thiersch, S. (2014). Zur familialen Genese schulischer Bildungsentscheidungen – Sozialisationstheoretische Überlegungen und empirische Analysen jenseits rationaler Entscheidungsmodelle. In I. Miethe, J. Ecarius & A. Tervooren (Hrsg.), *Bildungsentscheidungen im Lebenslauf*. (S. 65–84) Opladen, Berlin, Toronto: Barbara Budrich.

Mey, G. (2018). Jugendforschung: Konjunkturen, Krisen, Konstruktionen. In A. Kleeberg-Niepage & S. Rademacher (Hrsg.), *Kindheits- und Jugendforschung in der Kritik. (Inter) Disziplinäre Perspektiven auf zentrale Begriffe und Ansätze* (S. 273–297). Wiesbaden: VS Verlag.

Nonte, S., Reintjes, Ch., Grommé, E., & Karutz, H. (Hrsg.) (2025). *Regionale Perspektiven von Kindern und Jugendlichen in Zeiten von Schulschließungen, Isolation und Quarantäne – Empirische Befunde aus den Studien Muntermacher & SchuCo*. Münster: Waxmann.

Przyborski, A. & Wohlrab-Sahr, M. (2008). *Qualitative Sozialforschung: Ein Arbeitsbuch*. München: Oldenbourg Verlag.

Ravens-Sieberer, U., Devine, J., Napp, A-K., Kaman, A., Saftig, L., Gilbert, M., Reiß, F., Löffler, C., Simon, A.M., Hurrelmann, K., Walper, S., Schlack, R., Hölling, H., Wieler, L.H., & Erhart, M. (2023). Three years into the pandemic: results of the longitudinal German COPSY study on youth mental health and health-related quality of life. *Frontiers in Public Health*. https://doi.org/10.3389/fpubh.2023.1129073.

Reinders, H. (2016). *Qualitative Interviews führen mit Jugendlichen. Ein Leitfaden* (3. Aufl.). Berlin: De Gruyter.

Schachtner, C., & Duller, N. (2014). Digitale Praktiken und Subjektwerdung. In T. Carstensen, C. Schachtner, H. Schelhowe & R. Beer (Hrsg.), *Digitale Subjekte. Praktiken der Subjektivierung im Medienumbruch der Gegenwart* (S. 81–154). Bielefeld: Transcript.

Shaw, C. R. (1966). *The Jack-Roller. A delinquent boy's own story.* Chicago & London. The University of Chicago Press.

Stalder, F. (2016). *Kultur der Digitalität.* Berlin: Suhrkamp

Thiersch, S., & Wolf, E. (2021). Schule zwischen Digitalisierung und Disziplinierung. Rekonstruktionen pädagogischer Generationsbeziehungen im digitalisierten Unterricht. *Zeitschrift für Bildung und Erziehung* 74(1), (S. 1–17).

Thiersch, S., & Wolf, E. (2023). Orientierungen im Wandel. Schüler*innenperspektiven auf Unterricht mit digitalen Technologien. In M. Proske, K. Rabenstein, A. Moldenhauer, S. Thiersch, A. Bock, M. Herrle, M. Hoffmann, A. Langer, F. Macgilchrist, N. Wagener-Böck, & E. Wolf (Hrsg.), *Schule und Unterricht im digitalen Wandel. Ansätze und Erträge rekonstruktiver Forschung* (S. 90–111) Bad Heilbrunn: Klinkhardt.

Thiersch, S. (2025, i.E.). Selbstpositionierungen und Bewältigungsformen von Jugendlichen in Krisen. In S. Nonte, C. Reintjes, E. /Grommé & H. Karutz (Hrsg.), *Regionale Perspektiven von Kindern und Jugendlichen in Zeiten von Schulschließungen, Isolation und Quarantäne.* Münster: Waxmann.

Thiersch, S., Kleeberg-Niepage, A., Tressat, M., & Wischmann, A. (2025, i.E.). Adoleszenz in der (Corona-)Krise – Deutung und Bearbeitung ungewisser Zukünfte von Jugendlichen. In D. Schwendowius, J. Engel, A. Epp, A. Franz, M. Kondratjuk, A. Wischmann, A. (Hrsg.), *Ungewisse Zukünfte – Bildung und Biographie im Kontext gesellschaftlicher Umbrüche.* Opladen u.a.: Barbara Budrich.

Thrasher, F. (1968). *The Gang.* Chicago & London. The University of Chicago Press.

Willis, P. (1979). *Spaß am Widerstand. Gegenkultur in der Arbeiterschule.* Frankfurt/M.: Syndikat.

Wolf, E., & Thiersch, S. (2021). Optimierungsparadoxien. Theoretische und empirische Beobachtungen digital mediatisierter Unterrichtsinteraktionen. *Zeitschrift für Medienpädagogik*, 40, (S. 1–2)1.

4 Jugend im transformativen Spannungsfeld von Generativität, Krisen und Autonomie – Theoretische Bestimmungen

▶ Eine theoretische Verankerung des Jugendbegriffs ist das Ziel des folgenden Kapitels. Dabei wird für einen strukturellen Jugendbegriff plädiert, der es ermöglicht, sowohl die mannigfaltigen und sich wandelnden Ausdrucks-, Erscheinungs- und Gestaltungsformen als auch die konstitutiven Stabilitäten der gesellschaftlich institutionalisierten und biografischen Lebensphase Jugend zu fassen. Für eine theoretische Bestimmung von Jugend werden die Relation zwischen den Generationen im Konzept der generationalen Ordnung, das Zusammenspiel von Krise und Routine sowie der Umgang mit Autonomie und Abhängigkeit diskutiert. Auch wenn diese Fragen in anderen Lebenskontexten und -abschnitten eine Rolle spielen, sind sie im Zusammenhang mit Jugend als Lebensphase, -form und -norm für biografische und auch gesellschaftliche Entwicklungen zentral.

4.1 Generationale (Un-)Ordnung

Die Fallrekonstruktionen (vgl. Kap. 3) machen deutlich, wie sich Jugendliche nach wie vor sowohl explizit als auch implizit an der älteren Generation orientieren bzw. orientieren müssen, um eine eigene Positionierung als Gruppe und Einzelner ein- und vornehmen zu können. In der Rekonstruktion des Mutter-Tochter-Gesprächs zeigte sich, dass Jugend sowohl für die Tochter als auch für die Mutter eine relevante Bezugsgröße darstellt. Gerade die generationalen Umkehrungen in der Beziehung zwischen der jugendlichen Mutter und der erwachsenen Tochter zwingen

© Springer Fachmedien Wiesbaden GmbH, ein Teil von Springer Nature 2025
S. Thiersch, *Jugend*, Module Erziehungswissenschaft 12,
https://doi.org/10.1007/978-3-658-30392-1_4

in der Interaktion auch dazu, generationelle Differenzen herzustellen. In der Gruppendiskussion mit den Schüler*innen wird in den distinktiven Orientierungen eine explizite Generationsdifferenz in der Abgrenzung zu den Lehrenden, die (noch) keine digitalen Medien beherrschen, deutlich. Die performativ in Anspruch genommene technische Versiertheit und Überlegenheit der Jüngeren, die einen gemeinsamen Erfahrungsraum darstellt und eine generationale Wir-Gemeinschaft stiftet, verstärkt hier die Adressierung an die Lehrenden, ihre pädagogische Verantwortung generational wahrzunehmen. Umgekehrt kritisieren die Teilnehmerinnen der anderen Gruppendiskussion, vor dem Hintergrund wertkonservativer Haltungen gegenüber Bildung, Schule und Medien, die Verantwortungszuschreibung in neuen pädagogischen Konzepten, die im individualisierten Unterricht auf digitale Medien setzen. Bezüglich der Corona-Krise kommt zum Ausdruck, dass Jugendliche unter fehlenden rollenförmigen Generationsbeziehungen, die in der Schule auf das spätere Leben und den Beruf vorbereiten, leiden, weil damit Verlässlichkeit und Ordnung im Alltag verloren gegangen ist. Im anderen Fallbeispiel zeigt sich insbesondere eine Kritik, auf das psychosoziale Moratorium in der Krise verzichten zu müssen. In beiden Fällen wird in der Krise eine paradoxe Situation und ein ambivalentes Modell für die Subjektbildung deutlich: Zum einen sehen sie sich in ihrer Mobilität und Freiheit massiv eingeschränkt, auf sich gestellt und vereinsamt. Insbesondere thematisieren sie das Wegbrechen stabiler rollenförmiger Generationsbeziehungen und organisationaler Strukturen, sozialer Anerkennungsbeziehungen und kultureller Räume, mit denen Unsicherheiten und Ungewissheiten für das eigene Selbst einhergehen. Zum andern erfahren und erleben sie generationale Responsibilisierungsmechanismen, die Zuschreibung eigenverantwortlich den Krisenalltag durch Selbstführung und -kontrolle (z. B. in zeitlicher, inhaltlicher, sozialer Hinsicht) füllen zu müssen (Thiersch und Krinninger 2025).

In den empirischen Befunden kann damit von einem Verschwinden der pädagogischen Generationsdifferenz in ihrer Pauschalität nicht gesprochen werden (vgl. auch Helsper et al. 2009, S. 405). Entscheidung ist für die These die Differenzierung von Erkenntnisebenen. So produziert die Anwendung von digitalen Medien im Unterricht zwar neuen Formen des Schüler*innen- und Lehrer*innen-Seins und werden z. B. Schüler*innen mitunter zu Berater*innen und Helfer*innen von Lehrenden in praktisch-technischen Fragen. Dies kann aber nicht als „Auflösungs- und Entgrenzungserscheinung" (Lüders et al. 2002, S. 207) der Erziehung in pädagogischen Beziehungen gedeutet werden. Im Gegenteil: Es dokumentiert sich in den Gruppendiskussionen eine Verstetigung der Struktur der Lehrer*innen-Schüler*innen-Beziehung. Die digitalen Möglichkeiten und Erleichterungen (z. B. für die räumliche, zeitliche und soziale Organisation des Unterrichts) steigert die Komplexität und Ungewissheit im Unterricht. Die pädagogische Praxis reagiert

4.1 Generationale (Un-)Ordnung

mit Disziplinierungen und Regulierungen auf diese mit den digitalen Medien einhergehende Irritation. Diese Reaktionsweise trägt zur Reproduktion genuin pädagogischer Generationsdifferenzen zwischen Erwachsenen und Jugendlichen bei (Thiersch und Wolf 2021). Hier ist von unterschiedlichen Ausdrucksformen der (Um-)Gestaltung pädagogischer Generations- und Anerkennungsmuster auszugehen. Vor diesem Hintergrund ist im Folgenden zu fragen, warum das Konzept der Generation für die Bestimmung von Jugend so wichtig ist, welche Reichweite es hat und wie es sich verändert?

Lange Zeit waren – und sind in einigen Positionen bis heute – Schleiermachers (1826) „Generationsverhältnis" und Nohls (1929) „pädagogischer Bezug" die zentralen Referenzmodelle zur Beschreibung und Gestaltung pädagogischer Generationsbeziehungen. Danach besteht eine pädagogische Beziehung in einem erzieherisch relevanten Verhältnis zwischen den Generationen. Jugendliche lernen in der unmittelbaren und persönlichen Interaktion mit der älteren Generation, eignen sich hier Wissen an und machen relevante Sozialisationserfahrungen (Nohl 1929). Zugleich hinterfragen sie die Orientierungen und Wertmuster der Erwachsenen, weichen davon ab und tragen zu ihrer Veränderung bei. Kulturelle Werte und Normen werden damit in pädagogischen Beziehungen in einem ambivalenten Spannungsverhältnis generativer Ambivalenzen sowohl tradiert als auch transformiert bzw. erneuert (Lüscher und Liegle 2003). Dabei gibt es immer mehr Bereiche (z. B. neue Technologien), in denen die ältere von der jüngeren Generation lernen kann. Zudem gehören jugendkulturelle Ausdrucksformen und Leitbilder (Sprache, Kleidung, Musik usw.) angesichts medialer und marktförmiger Verbreitung längst auch zum Lebensstil von Erwachsenen und Kindern (vgl. Abschn. 1.6). Im Zusammenhang gesellschaftstheoretischer Thesen einer „Entstrukturierung und Entgrenzung der Jugendphase" (Ferchhoff und Dewe 2016) sowie einer „Verjugendlichung der Gesellschaft" (ebd., S. 40) wird von einer „Nivellierung der Generationsunterschiede oder sogar der Umkehrung des Generationengefälles" und infolgedessen von einer „retroaktiven oder beiderseitigen Sozialisation" ausgegangen (ebd. 2016, S. 47).

Im Anschluss an die These der Kulturanthropologin Margret Mead (1970), die besagt, dass für bestimmte kulturelle Praktiken in der Moderne die ältere auf die jüngere Generation angewiesen sei, wird auch seit den 1990er-Jahren in der Erziehungswissenschaft eine rege Diskussion zur Umkehrung traditioneller pädagogischer Generationsbeziehungen und zur Verkleinerung oder gar zum Verschwinden der Generationsdifferenz geführt. Auf die klassische Frage, was die ältere mit der jüngeren Generation will, kommt hier die Antithese auf, „was denn die jüngere mit der älteren Generation will" (Müller 1996; Ecarius 1998). Eine Ursache wird im Wandel zu liberal gestalteten Erziehungs- und Generationsverhältnissen in den Familien gesehen. Fortschreitende technologische Entwicklungen beschleunigen dabei das Kippen des klassischen Kompetenz- und Wissensgefälles in der Weitergabe kulturell anerkannten Wissens zwischen den Generationen. Infolgedessen lernen die Erwachsenen von den Jugendlichen (Marotzki 2001).

Auch die großen Jugendstudien (z. B. Shell-Studie) belegen, dass sich Jugendliche im Vergleich zu ihren Vorgängergenerationen heutzutage stärker an den Haltungen ihrer Eltern orientieren (z. B. in Fragen der Erziehung) (z. B. Albert et al. 2019; Calmbach et al. 2016, 2024). Die Einstellungsmuster unterschieden sich dabei nicht nur kaum zwischen Jugend -und Elterngenerationen, sondern auch zwischen aufeinander folgenden Alterskohorten. In diesem Zusammenhang wird in den letzten Jahren das Generationenkonzept, wie es bspw. bei Mannheim ausgearbeitet ist, in Frage gestellt und kritisch von einem „Generationenmythos" gesprochen (Schröder 2018). Der Begriff des Generationsverhältnisses drohe so „seine gegenstandserschließende Bedeutung", als ein scharfer Begriff für die Beschreibung der Beziehung zwischen den Generationen, in der Erziehungswissenschaft zu verlieren (Müller 1999, S. 787). Eine klare Bestimmung und Abgrenzung der Begriffe Jugend und Jugendkultur scheint zunehmend schwieriger oder ist ganz infrage gestellt (vgl. Kap. 1). Auch wenn es nach wie vor jugendkulturelle Beschreibungsversuche wie die der „postdigitalen Jugendkultur" (Jörissen et al. 2020) oder im Kontext der Klimabewegungen gibt, scheinen sie nicht mehr tragfähig zu sein.

In der erziehungswissenschaftlichen Jugendforschung wird ein „Auflösen ihres Forschungsgegenstandes proklamiert und festgestellt, dass Jugendliche zwar noch Jugendliche sind, aber sich in vielen Handlungsbereichen wie Erwachsene verhalten und nicht länger einer pädagogischen Generationsbeziehung bedürfen" (Ecarius 2009, S. 70). Kritisiert wird, dass die empirischen Befunde zur „Juvenilisierung" der Gesellschaft bis heute nur ansatzweise theoretisch gewürdigt wurden. Diesbezüglich wird in der Jugendforschung ein „Theoretisierungsdefizit" diagnostiziert (Heinen et al. 2020, S. 7).

In den letzten Jahren hat sich in der Kritik an der Sichtweise einer einseitigen Formung und Ausbildung der jüngeren durch die ältere Generation das relationale Konzept der Generationsordnung bzw. der generationalen Ordnung etabliert (Ecarius 2012, 2020; King 2024). Diese zunächst in der Kindheitsforschung diskutierte Perspektive wird zunehmend in der Jugendforschung aufgegriffen, um die diagnostizierten Theoretisierungslücken zu schließen. Ausgangspunkt der Überlegung ist dabei die Perspektivierung von Jugend als eine Phase, die intergenerativ strukturiert ist (King 2013). „Jugend ist somit die historisch, international und kulturell variierende soziale Form, mittels der Gesellschaften die Generationsabfolge, den Generationstransfer und die soziokulturelle Reproduktion bzw. Transformation

4.1 Generationale (Un-)Ordnung

strukturieren" (Helsper 2024, S. 29). Danach sind die Generationen nicht einfach da, sondern an ihrer gegenseitigen Hervorbringung in der wechselseitigen Adressierung, Anerkennung und Diskursgestaltung beteiligt (Ecarius 2012, S. 41 f.). Was Jugend aus dieser relationalen Perspektive ausmacht, bestimmt sich danach auch in den Zuschreibungen, Hervorbringungen und Konstruktionen der älteren Generation. Die Erwachsenen ordnen so Jugendliche generational ein und homogenisieren sie, um die jeweilige soziale Ordnung aufrechtzuerhalten. Es stellt sich die empirisch zentrale Frage, wie Jugend im Alltag in wechselseitiger Abgrenzung und Gestaltung der Generationen und damit einhergehenden Fragen des Aufgreifens, Ablehnens oder Modifizierens des sozialen und kulturellen Erbes hergestellt wird.

Wo und wie vollziehen nun die Prozesse des generationalen Ordnens? Diese sind in erster Linie in den Familien aber auch in der Schule institutionalisiert. Durch die Einführung und Durchsetzung der Schulpflicht fand auch eine Ordnung von Jugend statt (Foucault 1976). Die Relation von Schule und Jugendlichen ist theoretisch dabei als ein strukturelles Spannungsverhältnis zu verstehen. Einerseits gibt es die altersspezifischen Normen und Praktiken der Jugendlichen, in denen Freiwilligkeit, Innovation (z. B. sich moderne Technologien anzueignen) und Partikularismus eine hohe Bedeutung haben. Diese Aspekte stehen dem, was Schule verkörpert, konträr gegenüber. Denn die Schule als organisierte Institution wird idealtypisch mit Zwang, Kontrolle, Tradition und Universalismus in Verbindung gebracht. Daraus resultiert, dass die Schule einen Raum darstellt, der soziale und kulturelle Praktiken und Positionierungen von Jugendlichen begrenzt. In den Fallrekonstruktionen wurde aber auch deutlich (z. B. in der Analyse der Abgrenzung zu den Lehrkräften und den medialen Hinterbühnenpraktiken), dass pädagogische Institutionen wie die Schule und ihre pädagogisch Professionellen Jugend auch in generationalen Ordnungen hervorbringt und ermöglicht. In der empirischen Schul- und Bildungsforschung etwa werden Jugendliche häufig auf die Rolle des Schüler*in-Seins und damit auf (kognitive) Lernergebnisse verengt und rationalisiert (Grunert und Pfaff 2020) und „Jugend als Möglichkeits- und Begrenzungsraum" (Helsper 2024, S. 21) für Bildungsprozesse des Subjekts und der Persönlichkeit vernachlässigt. Nicht in den Blick kommt somit, wie Jugendliche Schule nicht nur eigensinnig mitgestalten, sondern wie sich biografische Identitätsbildungs- und Selbstpositionierungsprozesse über die generationale Auseinandersetzung mit Lehrkräften vollziehen. Entscheidend ist, wie sie zwischen gesellschaftlicher Rationalisierung und aktiver Aneignung des Schulischen verortet werden und sich selbst verorten.

Die „generationale[n] Ordnungsmuster einer spätmodernen Jugend" wandeln sich bspw. dahingehend, dass Generationsbeziehungen (mit Eltern, Peers und auch Lehrer*innen) emotionalisierter erfahren werden, die Verbundenheit mit den Eltern gestiegen ist, Schule als „Bildungszwang" erfahren wird und sich in mediatisierten kreativen Sozialisations- und Bildungsprozessen ein „kuratiertes Ich" ausbildet, das sich situativ orientiert und fluide erscheint (Ecarius 2020, S. 46). Im Anschluss an die Fallrekonstruktionen wird hier aber nicht davon ausgegangen, dass sich durch den Verlust an (äußeren) klaren Strukturen der generationale Ordnungsmuster (wie z. B. Machtverhältnisse, generationale Verpflichtungen, Solidarität) damit auch die gegebene Struktur des Musters selbst auflöst. Auch die Fallbeispiele im dritten Kapitel verdeutlichen die Tendenz einer Angleichung der Generationen oder gar der Umkehrung in den Generationsbeziehungen. Das bedeutet im Umkehrschluss aber nicht, dass generationale Ordnungen für pädagogische Beziehungen keine Rolle mehr spielen. Im Gegenteil: Im sozialen Wandel, der neue Praktiken in den Generationsbeziehungen hervorbringt, reproduzieren sich diese Ordnungsmuster. Sie sind feste Orientierungspunkte sowohl für die jünger als auch die ältere Generation. Die Tendenz der Auflösung der Generationsunterschiede (z. B. durch Kompetenzen der Jugendlichen im Gebrauch moderner Technologien) erschwert jedoch eine Positionierung, da klare Zuständigkeiten und Adressierungen verschwimmen. Ordnungsmuster und Jugend müssen dabei in ihrem kulturellen und sozialen Bedingungsgefüge wie etwa soziales Milieu, Gender, Migration, Region aber auch Sexualität, Behinderung oder Begabung intersektional betrachtet werden. Die jugendlichen Erfahrungen von Teilhabe oder Ausgrenzung sind abhängig von diesen Lebenslagen und -bedingungen.

4.2 Krise und Routine

Ein wissenschaftlicher Krisenbegriff ist von unseren alltagsweltlichen Vorstellungen, nicht erst durch die Krisennarrative und Krisenkonstruktionen der letzten Jahre, zu unterscheiden. In einer strukturtheoretischen Perspektive ist für die Bestimmung von Jugend neben dem Generationsverhältnis der Begriff der (Adoleszenz-)Krise relevant. Mit dem Krisenbegriff kann erklärt werden, wie aus alten Haltungen und Orientierungen neue entstehen können. Krisen sind theoretisch dabei immer im Zusammenhang und Zusammenspiel mit Routinen zu denken und verweisen auf diese.

Bestimmungen des Krisenbegriffs
In einer ersten Annäherung, die sich von einer lebensweltlichen Krisensemantik unterscheidet, bedeuten Krisen, dass bekannte Handlungsroutinen fraglich werden. Damit besteht die Möglichkeit, dass sich nach einer Bewährungszeit neue Routinen aus der Krise entwickeln können. Da in neuen biografischen oder gesellschaftlichen Situationen alte Handlungsroutinen nicht mehr greifen, müssen neue Bilder und Entwürfe von Selbst und Welt entwi-

4.2 Krise und Routine

ckelt und sich für unbekannte Handlungsoptionen entschieden werden. Dieser Entscheidungszwang bei gleichzeitiger Begründungsverpflichtung, ohne dass man sich sicher sein kann, dass sich die Handlungsentwürfe auch bewähren, stellt die eigentliche Krise dar (Oevermann 2016). „Die Krise ist damit strukturtheoretisch jene Zeit-Raum-Konstellation, in der die alten Routinen manifest zerbrechen und die zugleich die Entstehung des Neuen eröffnet und einfordert. Die Krise als der strukturelle Ort der Entstehung des Neuen betont damit vor allem auch die Emergenz und das kreative Moment der Veränderung. Diese neuen Antworten, Entwürfe, Handlungen und Praktiken aber müssen sich noch bewähren, sind also von Scheitern und Versagen bedroht" (Kramer et al. 2013, S. 55).

Krisen verlangen Bearbeitungs-, Bewährungs- und Bewältigungsformen, die sich historisch, kulturell und sozial sehr unterscheiden. Haben Jugendliche in der zweiten Hälfte des 20. Jahrhunderts Adoleszenz- und Gesellschaftskrise jugendkulturell durch Protest und Provokation oder Selbstbezug und Hedonismus bewältigt, sehen wir heute Formen der Konformität und Anpassung, der Suche nach Orientierung und verlässlichen Strukturen. Jugendliche sind sowohl von gesellschaftlichen als auch individuell-biografischen Krisen betroffen. Sie erfahren – trotz öffentlicher „Verfalls- und Anomie-Diagnosen" – aber nicht den ganzen Tag Krisen. Da Krisen unterschiedliche Formen und Ursachen haben können, nehmen sie Jugendliche subjektiv sehr unterschiedlich wahr und bewältigen diese auch ganz unterschiedlich (Bauer 2023, S. 185). Kennzeichnend für eine Krise ist, dass die Krisenlösung offen ist und nicht vorweggenommen werden bzw. auch scheitern kann (Helsper 2024, S. 34).

Jugendliche sind zum einen mit Krisen als gesellschaftlichen „Makrotrend" konfrontiert, die über die Individuen hinausweisen (Bauer 2023, S. 181). Die für die Spätmoderne und die „neue" (Welt-)Gesellschaft konstitutiven Entfesselungen und Ungewissheiten (z. B. Baumann 1995; Giddens 2001; Beck 2007; Baecker 2007) stellen stabile und vorgezeichnete Bildungs-, Berufs- und Lebensentwürfe (schneller) in Frage. Der beschleunigte Wandel von Gesellschaft (Rosa 2005) (z. B. Globalisierung, Digitalisierung) verändert Jugend als institutionalisierte Lebensphase sowohl in sozialer, kultureller und ökonomischer als auch in räumlicher und zeitlicher Hinsicht. Jugendliche sind damit konfrontiert, mit den daraus resultierenden Ambivalenzen, Brüchen und Auflösungen umzugehen. Wie wir in den Falldarstellungen gesehen haben, nehmen Jugendliche gesellschaftliche Krisen etwa als „Krise" des Normallebenslaufs bzw. einer Ent-Biografisierung (Fall Helena) oder als Krise jugendlicher Lebensräume und -stile (Fall Manuel) wahr. Sie sind besonders für krisenhaften Entwicklungen sensibel (z. B. Klimakrise). Dabei orientieren sich Jugendliche (noch) an alten Modellen einer klar konturierten Statuspassage Jugend, sind aber damit konfrontiert, neue Entwürfe und Pläne bei zunehmender Unsicherheit zu entwerfen. Die vielfältig zur Verfügung stehenden Spielräume zur Gestaltung, bedeuten zugleich, sich für eine Option entscheiden zu müssen, ohne zu wissen, ob die unter Ungewissheit getroffene Entscheidung sich nachträglich als richtig erweist (Helsper 2024, S. 32).

Daneben spielt die Adoleszenzkrise in der modernen Jugend eine zentrale Rolle. In dieser Selbstkrise kommt es zu einer „komplexe(n) Neuordnung und Transformation kindlicher Welt- und Selbstbezüge" (Becher 2023, S. 32). Einer krisenhaften Konstellation wohnt theoretisch – unabhängig, ob man sie kollektiv oder individuell erlebt und ob man diese normativ als gut oder schlecht bewertet – ein transformatorisches Bildungsmoment insofern inne, als damit neue Bilder über das Selbst und die Welt hervorzubringen sind. In Bewährungen und deren Anerkennung wollen sich Menschen also als ein wertvolles und einzigartiges Mitglied der Gesellschaft erfahren bzw. integrieren; sie sind gewissermaßen „Bewährungssucher" (Zizek 2015, S. 74 ff.). Auch wenn alle Menschen einen universellen Bewährungsdrang als Sinnproduzenten und Sinnsuchende aufweisen, so findet eine bedeutsame Transformation von und Auseinandersetzung mit Sinn- und Lebensfragen in der Jugendphase statt.

Adoleszenz und Individuierung
Während mit dem Alltagsbegriff Pubertät auf die biologisch bedingte körperliche Reifung von jungen Menschen abgezielt wird, beschreibt der sozialwissenschaftliche Adoleszenzbegriff den psychosozialen Prozess der qualitativen Umgestaltung in der Persönlichkeitsentwicklung, des Selbst-Welt-Verhältnisses und in den Beziehungen von Jugendlichen zu Erwachsenen zwischen Ablösung, Individuierung und neuen Bindungen. Zugleich nehmen die Peers an Bedeutung zu und es kommt zu einer Dezentrierung der Perspektiven auf das Selbst und die Welt. In den Blick geraten Identitätskrisen aber auch Möglichkeitsräume, die durch „psychische, kognitive und soziale Separations-, Entwicklung- und Integrationsprozesse" ausgelöst werden (King 2013, S. 39). King (2010, S. 14) beschreibt den Ablösungs- und Individuationsprozess in der Adoleszenz idealtypisch anhand von drei aufeinanderfolgenden Phasen der Trennung, der Umgestaltung und der Neuschöpfung.

Lange gehörten die Begriffe Adoleszenz und Individuation zu den zentralen Begriffen in der Jugendforschung. Aktuell finden sie in der erziehungswissenschaftlichen Forschung vor dem Hintergrund der oben formulierten Befunde kaum noch Verwendung und wenn, dann vorrangig in der Familienforschung (Schierbaum 2020). Dennoch sind auch im Zuge von Modernisierungs- und Pluralisierungsprozessen und scheinbar symmetrischeren Beziehungsstrukturen zwischen Eltern und Jugendlichen, wie es die Figuren des Verhandlungs- und Beratungshaushaltes nahelegen, die Ablösungs- und Individuierungsprozesse nach wie vor konflikt- und krisenhaft. Sie sind „lediglich" nicht mehr von abrupten Einschnitten, sondern von ausgedehnten, weicheren und subtileren Übergangsformen geprägt (Hurrelmann und Quenzel 2016, S. 154).

Aus einer strukturtheoretischen und mehrgenerationalen Sozialisations- und Adoleszenzperspektive ist davon auszugehen, dass sich Bildungs- und Berufsentscheidungen bei Jugendlichen in der Dialektik von Individuation und Generativität vollziehen (King 2013). Jugendliche durchlaufen strukturell in der Adoleszenz nach der körperlichen Ablösung zur Geburt, dem Aufbrechen der frühkindlichen

4.2 Krise und Routine

Symbiose mit den Eltern und der krisenhaften Erfahrung in der ödipalen Triade einen psychosozialen Krisenbewältigungsprozess als vierte zentrale Ablösungsphase (Oevermann 2004). In diesem müssen sie sich mit den Aspirationen und Praktiken der Eltern auseinandersetzen und zwischen den Polen der Anknüpfung und Abgrenzung ihre Entscheidungen (z. B. für oder gegen eine Ausbildung) für sich und ihre Umwelt begründen und sich dazu positionieren (Helsper 2014, S. 141). Medial vermittelte gesellschaftliche Bilder und Peers flankieren als Räume informellen Lernens diese Entscheidungen (Düx und Rauschenbach 2010) und stellen Möglichkeiten zur Erarbeitung neuer Perspektiven und einer narrativen Kohärenz dar (King 2013).

Krisen in der Adoleszenz entstehen so auch in der intrapsychischen Auseinandersetzung mit und Bearbeitung der Verabschiedung der eigenen Kindheit sowie in der „zunehmend reflexive[n] Auseinandersetzung mit den Erwartungen, die seitens der sozialen Umwelt an das adoleszente Subjekt herangetragen werden" (Becher 2023, S. 32). Diese gehen einher „mit einer wachsenden Fähigkeit zur dezentrierenden Selbstpositionierung abseits der primären sozialisatorischen Anerkennungsinstanzen" (ebd.). Oevermann (2004) definiert in seiner Systematisierung von Krisentypen zum einen die Krise durch Muße als Erkenntniskrise, die besonders bei Kindern zu beobachten sei, und zum anderen die traumatische Krise, die theoretisch über alle Menschen plötzlich und unerklärlich hereinbrechen kann und existenziell körperlich oder psychisch erlebt wird (z. B. Naturereignisse). Für Jugendliche ist in modernisierten Gesellschaften ein dritter Typus der Entscheidungskrisen in der Adoleszenz zentral, die durch das Vorhandensein mehrerer Handlungsalternativen auf der Seite der Lebenspraxis selbst herbeigeführt wird. Entscheidungskrisen werden autonom initiiert und bewältigt (Oevermann 2004). Im Prozess der Adoleszenzkrisenbewältigung müssen sich Jugendliche positionieren und ihre Entscheidungen bewähren. Auch diese Form der Bewältigung ist von sozialen Strukturen (Gender, Milieu, Region etc.) abhängig. „Die Jugendbiographie ist nur im Zusammenspiel mit den vorhergehenden Krisenerfahrungen der Kindheit, die entweder als Ressource oder Hypothek in die Jugend und deren Bewährungsdynamik eingehen, den Generationsbeziehungen sowie interaktiven Prozessen in unterschiedlichen jugendlichen Feldern und deren Bedingungen zu fassen" (Helsper 2024, S. 31).

Die strukturelle Adoleszenzkrise wird durch gesellschaftliche Krisen- und Ungewissheitssituationen gesteigert, weil sich Jugendliche nicht auf Handlungsroutinen und bewährte Krisenlösungen in ihren Familien und in pädagogischen Institutionen stützen können. Zugleich ist darin aber auch eine Chance zu sehen, weil sich in der Bewältigung der Krisen Bildungsprozesse eröffnen und vollziehen (Oevermann 2009, S. 36). Entscheidend ist dabei, inwieweit die „ältere" Generation, die in der Adoleszenz- und Berufsfindungsphase der Jugendlichen mit eigenen nicht realisierten Bildungs- bzw. Berufsprojekten noch einmal konfrontiert wird, Generativität ermöglicht. Generativität als Grundlage adoleszenter Individuation meint dabei, dass die ältere Generation eine Haltung der „generativen Sorge und Verantwortung" (King 2020, S. 1) einnimmt, „die Existenz, das Wohl und die Zukunft nachfolgender Generationen zu bedenken, entsprechend zu handeln und dies als Verpflichtung für den Einzelnen und für soziale Institutionen zu postulieren" (Liegle und Lüscher 2008, S. 149). Generativität „bezeichnet die erlangte Wirkmächtigkeit und Fähigkeit zur Sorge für Andere. Sie markiert die Ablösung der Eltern(generation) und den symbolischen Wechsel der Plätze in der Generationenfolge" (King 2024).

4.3 Autonomie und Abhängigkeit

Die Adoleszenzkrise hat ihren Ursprung darin, dass durch körperliche, kognitive, sozio-emotionale Entwicklungen aber auch normativ zugeschriebene Rechte (z. B. Bestimmungen zur Mündigkeit) und Aufgaben (z. B. Bildung, Partizipation, Konsum, sexuelle Reproduktion) junge Menschen eigenständiger handeln und entscheiden müssen. „Denn in Entscheidungskrisen gerät man erst dann, wenn man schon so viel Autonomie erworben hat, dass man in nennenswerter Gewichtigkeit seine offene Zukunft bewusst antizipieren und konstruieren kann und wenn auch Entsprechendes von einem erwartet wird" (Oevermann 2004, S. 171). Autonomie und Mündigkeit wird Jugendlichen in der Gesellschaft durch rechtsförmige und altersnormierte Endmarker von Jugend zugeschrieben, womit nach wie vor Übergänge vom Jugend- zum Erwachsenenalter wirksam sind. Sie werden über den rechtlichen Status als Gesellschaftsmitglieder in ihrer zunehmenden Eigenverantwortung adressiert (Wiezorek 2020, S. 81). Jedoch stehen Jugendliche auch nach wie vor in Abhängigkeiten zu Erwachsenen, was sie darauf verpflichtet, Entscheidungen nicht nur vor sich selbst, sondern auch immer noch vor ihnen begründen zu müssen. Diese Bewährungsdynamik, permanent Entscheidungen unter Zukunftsoffenheit und Ungewissheit eigenverantwortlich zu treffen, ohne dabei auf bereits bestehende Rechtfertigungen zurückgreifen zu können, gründet sich auf einem universellen Endlichkeitsproblem der Moderne.

Auch wenn in modernisierten Gesellschaften Autonomie und Heteronomie konstitutiv in sozialen Zusammenhängen hervorgebracht werden und in allen Lebensphasen für Menschen Signifikanz besitzen, ist Jugend nun als die zentrale Phase und soziale Form zu betrachten, in der sich Menschen mit Autonomie und sozialen Abhängigkeiten sowie den Bedingungen bzw. Bedingungsgefüge von

4.3 Autonomie und Abhängigkeit

Autonomie auseinandersetzen können und müssen (Bauer 2023, S. 141). Das heißt dabei nicht, dass Jugendliche tatsächlich auch Autonomie erlangen. Autonomie ist ein – insbesondere im pädagogischen und politischen Feld – aufgeladener und deswegen kein einfacher Begriff. Wie der Krisen- nicht ohne den Routinebegriff zu verstehen ist, kommt der Autonomie- dabei nicht ohne den Abhängigkeitsbegriff aus. Schon Durkheim (1902) beschrieb die Jugendphase als eine, in der die Einsicht in die Unausweichlichkeit gesellschaftlicher Regeln und Normen einsetzt. In der Reflexion der Zwänge und der Begrenzungen des eigenen Handelns entwickeln sich aber Autonomie- und Bildungspotenziale als „aufgeklärte Zustimmung". Das Autonomieverständnis, wie es hier in analytischer Absicht verwendet wird, ist also keine absolutes und in Relation zu Abhängigkeiten und Handlungsgrenzen zu verstehen (Meyer-Drawe 2000). Auf diese verwiesen, muss somit von einer bedingten oder relativen Autonomie ausgegangen werden, die im Zuge des Krisenbewältigungsprozesses operiert. „Relative Selbstständigkeit entwickelt sich schrittweise aus einer Beziehung der Angewiesenheit heraus. (…) Heranwachsende bewegen sich unausweichlich in dieser Spannung von Angewiesenheit und Eigensinn" (King 2016, S. 103). Jugend wird aber nicht nur auf interaktiver Ebene durch die ältere Generation hervorgebracht und damit eingeordnet. Darüber hinaus stecken ebenfalls die sozialstrukturellen Grenzen der Lebensbedingungen und -lagen (z. B. Milieu, Gender, Region) die jeweils historisch, kulturell und sozial zur Verfügung stehenden Autonomiespielräume ab.

Unabhängig davon, welche Lebenswelten von Jugendlichen man in den Blick nimmt, verhandelt und diskutiert werden Prozesse des Umgangs mit zunehmender, erwarteter oder versagter Autonomie. So waren Fragen von Heteronomie, Begrenzungen, Unterwerfung auf der einen und Autonomiebestrebungen, -spielräumen und -suche auf der anderen Seite auch in den Fallbeispielen für die Jugendlichen zentral (z. B. Strategien, um sich der medialen Kontrolle der Lehrkräfte zu entziehen oder in der Muntermacher-Studie). Stehen Familie und Schule strukturell dabei für Begrenzungen und Einschränkungen, erfahren Jugendliche mit Peers Unabhängigkeit und Eigenständigkeit sowie Unterstützung für die Bewältigung der Einschnitte durch Erwachsene. Schon Parsons (1964, S. 99 f.) beschrieb für die Familie, wie in der Moderne einerseits die Kohäsionskräfte und Abhängigkeiten in der Binnendynamik der (bürgerlichen) Familie steigen, andererseits damit zugleich die Autonomie- und Ablösungsfragen sowohl für die Jugendlichen als auch die Eltern zunehmen (Parsons 1964, S. 99 f.). Für geschlossene Institutionen und ihre gesetzten Strukturen, die zu Autonomieerleben und den Umgang damit beitragen sollten, spitzt sich die Adoleszenzkrise dahingehend zu, dass hier nur bedingt Möglichkeiten eingeräumt werden, mit Krisen und Konflikten eigensinnig und kreativ umzugehen (z. B. für Jugendpsychiatrie Schulmeister 2023 und Becher

2023). Gerade in der Corona-Krise und den massiven Einschränkungen von Autonomie war es Jugendlichen nicht möglich, sich zu Autonomie und Abhängigkeit in ein reflexives Verhältnis zu setzen.

Identität

Autonomie steht in einem engen Verhältnis zur Frage der Identitätsentwicklung, also zur Auseinandersetzung mit Fremd- und Selbstbildern bzw. dem Selbstwert. Pragmatisten wie George Herbert Mead (1968) und später Psychoanalytiker wie Erik Homburger Erikson (1973) gingen davon aus, dass die Identitätsfrage in modernen Gesellschaften in der Jugendphase in den Mittelpunkt des Lebens rückt und später immer wieder zu bearbeiten ist. Ihre Theorien waren in den Sozial- und Kulturwissenschaften des 20. Jahrhunderts die zentralen Referenzen für die Identitätsforschung im Jugendalter (Straub 2018). Lange Zeit galt somit die Ausbildung und die Erlangung einer Ich-Identität im Sinne eines Mit-sich-identisch-Sein als die zentrale Herausforderung in der Jugendphase. Damit wurde ein Prozess fokussiert, in dem sich die Persönlichkeit junger Menschen erst in Auseinandersetzung mit sozialen Regeln, Zwängen und Normen zu autonomen und selbstreflexiven Subjekten entwickeln können. Dem entspricht die Frage nach der sozialräumlichen und zeitlichen Dreifaltigkeit: Wer bin ich, wo komme ich her und wo will ich hin?

Dem stehen heute Positionen gegenüber, die eine zunehmende Individualisierung der Lebensformen und Pluralisierung der Lebensstile (z. B. durch Mobilität, Flexibilisierung und Beschleunigung) konstatieren. Damit einher gehen fragile Auflösungen, Mehrdeutigkeiten und Ambivalenzen, die es immer schwieriger machen würden, einen festen und abgrenzbaren Identitätskern auszubilden. Die Vorstellung einer kohärenten und kontinuierlichen Ich-Identität wird im Diskurs nach und nach in Frage gestellt oder gar aufgegeben. Vielmehr wurden für die „Patchwork-Jugend" (Ferchhoff und Neubauer 1997) Bilder von „Patchwork-Identitäten" entwickelt, die permanente „Identitätsarbeit und -konstruktionen" erfordern (Keupp und Höfer 1997). Grundlegend wurde etwa von Vertreter*innen des Poststrukturalismus (z. B. Foucault) kritisch gesehen, dass die Vorstellung von Identität als eine vorgängige Totalität und zusammenhängende Einheit bereits eine machtvolle diskursive Zumutung und ein unausweichlicher Zwang zur gesellschaftlichen Internalisierung und Unterwerfung des Subjekts darstellt. Diese Subjektivierungsprozesse würden in postmodernen Gesellschaften darin münden, dass sich das Subjekt permanent selbst kontrolliert, diszipliniert und optimiert.

Der (sozial-)wissenschaftliche Identitätsbegriff ist also selbst fragil und umstritten. Andererseits wendete sich die Kritik vor allem gegen bestimmte Gebrauchsweisen und Definitionen individueller und abgrenzbarer Identitäten. Inzwischen existieren auch dynamische Konzepte „dezentrierter oder transitorischer Identitäten", die deutlich machen, dass Identität keine verriegelte Struktur eines abgeschlossenen Zustands darstellt und kreativ Ungewissheiten und Pluralität integrieren kann (Straub und Renn 2002).

Jugend in der analytischen Perspektive des Zusammenspiels von Autonomie und Heteronomie zu betrachten, kann sowohl die Auseinandersetzungen mit den gesellschaftlichen Neuordnungen in den letzten Jahren (z. B. Neoliberalisierungen) als auch die biografischen Implikationen der Adoleszenz erkenntnisreich fassen.

4.3 Autonomie und Abhängigkeit

Hier wird deutlich, dass subjektivierungstheoretische Perspektiven auf Subjektivität und Subjektwerdung im Jugendalter an Relevanz gewinnen: Jugendliche haben mehr Freiräume im Außen (weniger Verbote, Regeln, Anrufungen der Beschränkung), zugleich müssen sie mehr Selbstverantwortung übernehmen und eigene Positionen finden. Es kommt zu einem kontinuierlichen Prozess der Selbstoptimierung und -kontrolle der persönlichen Eigenschaften und Fähigkeiten. In der Jugendforschung werden angesichts solcher Verschiebungen Überforderungstendenzen ausgemacht: „Thematisiert wird angesichts des gesellschaftlichen Wandels hin zum Optimieren und strategischen Planen eine private Überforderung des Einzelnen, Eltern werden zu Semi-Professionellen, ohne eine pädagogische Ausbildung zu haben und Jugendlichen sollen stets reflexiv mit ihren Erfahrungen hantieren und sich als authentisch mit kreativen Fähigkeiten wahrnehmen" (Ecarius 2020, S. 49). Jugendliche sind mit Transformationen ihres Selbst und mit Transformationsanforderungen der Gesellschaft konfrontiert und werden adressiert, diese zu bewältigen. Mehr denn je bedarf es hier professioneller Unterstützung von Schul-, Sozial- oder Erwachsenenpädagogen, worauf im nächsten Kapitel näher eingegangen wird.

▶ **Zusammenfassung des Kapitels** Zentrale Begriffe und Theorien zur strukturellen Bestimmung von Jugend zu erläutern, stand im Zentrum dieses Kapitels. Es wurde aufgezeigt, mit welchen Konstruktionen Jugend verstanden werden kann und warum der Jugendbegriff (sozialisations)theoretisch relevant ist. Die Konzepte der generationalen (Un-)Ordnung, von Krise und Routine sowie Autonomie und Abhängigkeiten sowie die Begriffe Adoleszenz, Identität, Bewährung und Individuation eröffnen, Jugend als Phase und Norm der Bewältigung von Transformation bzw. Transformationsanforderungen zu verstehen.

1. Erläutern Sie die zentralen Begriffe (Generationale Ordnung, Krise und Routine, Autonomie und Abhängigkeit) in eigenen Worten in drei bis fünf Sätzen!
2. Wie können mit diesen Begriffen die rechtlichen Bestimmungen zu § 9 „Alkoholische Getränke" im Jugendschutzgesetz (JuSchG) erklärt werden?
3. Wählen Sie eine der zuletzt öffentlich diskutierten Krisen beispielhaft aus und erläutern Sie unter Verwendung der zentralen Begrifflichkeiten dieses Kapitels, wie Jugendliche diese Krise in ihren Lebenswelten erfahren haben!
4. Inwieweit können die Begriffe des Kapitels helfen, in der pädagogischen Praxis jugendliches Verhalten zu deuten und zu verstehen?

Rechtliche Regelungen zu alkoholischen Getränken § 9 Jugendschutzgesetz (JuSchG) unter: https://www.gesetze-im-internet.de/juschg/ BJNR273000002.html

(1) In Gaststätten, Verkaufsstellen oder sonst in der Öffentlichkeit dürfen
1. Bier, Wein, weinähnliche Getränke oder Schaumwein oder Mischungen von Bier, Wein, weinähnlichen Getränken oder Schaumwein mit nichtalkoholischen Getränken an Kinder und Jugendliche unter 16 Jahren,
2. andere alkoholische Getränke oder Lebensmittel, die andere alkoholische Getränke in nicht nur geringfügiger Menge enthalten, an Kinder und Jugendliche weder abgegeben noch darf ihnen der Verzehr gestattet werden.

(2) Absatz 1 Nummer 1 gilt nicht, wenn Jugendliche von einer personensorgeberechtigten Person begleitet werden.

(3) In der Öffentlichkeit dürfen alkoholische Getränke nicht in Automaten angeboten werden. Dies gilt nicht, wenn ein Automat
1. an einem für Kinder und Jugendliche unzugänglichen Ort aufgestellt ist oder
2. in einem gewerblich genutzten Raum aufgestellt und durch technische Vorrichtungen oder durch ständige Aufsicht sichergestellt ist, dass Kinder und Jugendliche alkoholische Getränke nicht entnehmen können.

§ 20 Nr. 1 des Gaststättengesetzes bleibt unberührt.

(4) Alkoholhaltige Süßgetränke im Sinne des § 1 Abs. 2 und 3 des Alkopopsteuergesetzes dürfen gewerbsmäßig nur mit dem Hinweis „Abgabe an Personen unter 18 Jahren verboten, § 9 Jugendschutzgesetz" in den Verkehr gebracht werden. Dieser Hinweis ist auf der Fertigpackung in der gleichen Schriftart und in der gleichen Größe und Farbe wie die Markenoder Fantasienamen oder, soweit nicht vorhanden, wie die Verkehrsbezeichnung zu halten und bei Flaschen auf dem Frontetikett anzubringen. ◄

Literatur

Albert, M., Hurrelmann, K., Quenzel, G., & Kantar Public (Hrsg.) (2019). Jugend 2019. Eine Generation meldet sich zu Wort. *Shell Jugendstudie, 18*. Weinheim: Beltz.
Bauer, U. (2023). *Sozialisation in der Kontroverse*. Weinheim, Basel: Beltz Juventa.

Baecker, D. (2007). *Studien zur nächsten Gesellschaft*. Frankfurt a.M.: Suhrkamp.
Baumann, Z. (1995). *Moderne und Ambivalenz. Das Ende der Eindeutigkeit*. Frankfurt/M.: Suhrkamp.
Becher, J. (2023). *Psychiatrische Kartierungen des Selbst. Rekonstruktionen adoleszenter Bildungsprozesse zwischen Familie und Jugendpsychiatrie*. Wiesbaden: Springer VS.
Beck, U. (2007). *Weltrisikogesellschaft. Auf der Suche nach der verlorenen Sicherheit*. Frankfurt/ M.:Suhrkamp.
Calmbach, M., Borgstedt S., Borchard, I., Thomas, P. M., & Flaig, B. B. (2016). *Wie ticken Jugendliche? SINUS-Jugendstudie 2016. Lebenswelten von Jugendlichen im Alter von 14 bis 17 Jahren in Deutschland*. Wiesbaden: Springer VS.
Calmbach, M., Flaig, B., Gaber, R., Gensheimer, T., Möller-Slawinski, H., Schleer, C., & Wisniewski, N. (2024). *Wie ticken Jugendliche? SINUS-Jugendstudie 2024. Lebenswelten von Jugendlichen im Alter von 14 bis 17 Jahren*. Bundeszentrale für politische Bildung. Bonn.
Düx W., & Rauschenbach T. (2010). Informelles Lernen im Jugendalter. In N. Neuber (Hrsg.), *Informelles Lernen im Sport* (S. 53–77). Wiesbaden: Springer VS.
Durkheim, E. (1902/1903). *Erziehung, Moral und Gesellschaft*. Frankfurt a.M.: Suhrkamp.
Ecarius, J. (Hrsg.) (1998). *Was will die jüngere mit der älteren Generation?* Opladen: Leske + Budrich.
Ecarius, J. (2009). *Jugend und Familie. Eine Einführung*. Stuttgart: Kohlhammer.
Ecarius, J. (2012): ‚Generationenordnung' der Jugendphase. Zum Wandel von Jugendkonzeptionen und gegenwärtigen Sozialisationskontexten. In J. Ecarius & M. Eulenbach (Hrsg.), *Jugend und Differenz. Aktuelle Debatten der Jugendforschung* (S. 27–50). Wiesbaden: Springer VS.
Ecarius, J. (2020). Jugend: Moderne und spätmoderne Generationsmuster. In C. Grunert, K. Bock, N. Pfaff & W. Schröer (Hrsg.), *Erziehungswissenschaftliche Jugendforschung* (S. 35–52). Wiesbaden: Springer VS,
Erikson, E. H. (1973). *Identität und Lebenszyklus*. Frankfurt a. M.: Suhrkamp.
Ferchhoff, W., & Dewe, B. (2016). Prozesse der retoaktiven Erziehung und Sozialisation. In Becker, U., Friedrichs, H., von Gross, F. & Kaiser, S. (Hrsg.), *Ent-Grenztes Heranwachsen* (S. 31–50). Wiesbaden: Springer VS.
Ferchhoff, W., & Neubauer, G. (1997). *Patchwork-Jugend. Eine Einführung in postmoderne Sichtweisen*. Opladen: Budrich.
Foucault, M. (1976). *Überwachen und Strafen*. Frankfurt a. M.: Suhrkamp.
Giddens, A. (2001). *Die entfesselte Welt*. Frankfurt/M.: Suhrkamp.
Grunert, C., & Pfaff, N. (2020). Jugendforschung zwischen Jugendkulturforschung und Schulforschung – disziplinkritische Beobachtungen. In A. Gibson, M. Hummrich & R.-T. Kramer (Hrsg.), *Rekonstruktive Jugend(kultur)forschung* (S. 77–94). Wiesbaden: Springer VS.
Heinen, A., Wiezorek, C., &Willems, H. (2020). Einleitung. In A. Heinen, C. Wiezorek & H. Willems (Hrsg.), *Entgrenzung der Jugend und Verjugendlichung der Gesellschaft. Zur Notwendigkeit einer „Neuvermessung" jugendtheoretischer Positionen* (S. 7–12). Weinheim & Basel: Beltz Juventa.
Helsper, W. (2014). Habitusbildung, Krise, Ontogenese und die Bedeutung der Schule – Strukturtheoretische Überlegungen. In W. Helsper, R.-T. Kramer & S. Thiersch (Hrsg.),

Schülerhabitus – Theoretische und empirische Analysen zum Bourdieuschen Theorem der kulturellen Passung (S. 125–158). Wiesbaden: Springer VS.

Helsper, W. (2024). Jugend – Krise – Organisation: Theoretische Klärungsversuche zum Verhältnis von Organisation und Jugend. In K. Bock, T. Franzheld, C. Grunert, K. Ludewig, N. Pfaff, A. Schierbaum & W. Schröer (Hrsg.), *Pädagogische Institutionen des Jugendalters in der Krise* (S. 21–57). Wiesbaden: Springer VS.

Helsper, W., Kramer, R.-T., Hummrich, M., & Busse, S. (2009). *Jugend zwischen Familie und Schule. Eine Studie zu pädagogischen Generationsbeziehungen.* Wiesbaden: Springer VS.

Hurrelmann, K., & Quenzel, G. (2016). *Lebensphase Jugend. Eine Einführung in die sozialwissenschaftliche Jugendforschung.* Weinheim, Basel: Beltz Juventa.

Jörissen, B., Carnap, A., & Schröder, K. (2020). Postdigitale Jugendkultur: Kernergebnisse einer qualitativen Studie zur digitalen Transformation ästhetischer und künstlerischer Praktiken. In A. Scheunpflug & S. Timm (Hrsg.), *Forschung zur kulturellen Bildung* (S. 61–78). Wiesbaden: Springer VS.

Keupp, H., & Höfer, R. (Hrsg.) (1997). *Identitätsarbeit heute.* Frankfurt a. M.: Suhrkamp.

King, V. (2010). Adoleszenz und Ablösung im Generationenverhältnis. Theoretische Perspektiven und zeitdiagnostische Anmerkungen. *Diskurs Kindheits- und Jugendforschung*, 5(1), 9–20.

King, V. (2013). *Die Entstehung des Neuen in der Adoleszenz. Individuation, Generativität und Geschlecht in modernisierten Gesellschaften.* Wiesbaden. Springer VS.

King, V. (2016). Generativität und Weitergabe in Generationenbeziehungen erforschen. Theoretische und methodische Perspektiven – erläutert am Beispiel von intergenerationalen Dynamiken in Migrantenfamilien. In M. Günther & A. Kerschgens (Hrsg.), *Forschungssituationen (re-)konstruieren. Reflexivität in Forschungen zu intergenerativen Prozessen* (S. 107–126) Opladen: Budrich UniPress.

King V. (2020). Familie und Generativität. In J. Ecarius & A. Schierbaum (Hrsg.), *Handbuch Familie.* Wiesbaden: Springer VS. https://doi.org/10.1007/978-3-658-19416-1_54-1.

King, V. (2024). Jugend ist mehr als ein Wort – Theoretische Bestimmungen im Horizont generationalen Wandels. In C. Grunert, W. Helsper, M. Hummrich & N. Pfaff (Hrsg.), Jugend(en). *Beiheft der Zeitschrift für Pädagogik.* Weinheim, Basel: Beltz.

Kramer, R.-T., Helsper, W., Thiersch, S., & Ziems, C. (2013). *Das 7. Schuljahr. Wandlungen des Bildungshabitus in der Schulkarriere?* Wiesbaden: VS Verlag.

Lüders, C., Kade, J., & Hornstein, W. (2002). Entgrenzung des Pädagogischen. In H-H Krüger & W. Helsper (Hrsg.), *Einführung in Grundfragen und Grundbegriffe der Erziehungswissenschaft* (S. 207–216). Opladen: Budrich UTB.

Liegle, L., & Lüscher, K. (2008). Generative Sozialisation. In K. Hurrelmann, M. Grundmann & S. Walper (Hrsg.), *Handbuch Sozialisationsforschung* (S. 141–156). 7. Aufl. Weinheim und Basel.

Lüscher, K., & Liegle, L, (2003). *Generationenbeziehungen in Familie und Gesellschaft.* Konstanz: Universitätsverlag.

Marotzki, W. (2001). Jugendliche Kompetenz und erwachsene Inkompetenz? Verkehrt sich das Wissensgefälle zwischen Jugendlichen und Erwachsenen? In R.-T. Kramer, W. Helsper & S. Busse (Hrsg.), *Pädagogische Generationsbeziehungen* (S. 293–304). Opladen.

Mead, G.H. (1968). *Geist, Identität und Gesellschaft.* Frankfurt a. M.: Suhrkamp.

Mead, M. (1970). *Culture and Commitment. A Study of the Generational Gap.* London: The Bodley Head.

Literatur

Meyer-Drawe, K. (2000). *Illusionen von Autonomie. Diesseits von Ohnmacht und Allmacht des Ich.* 2. Aufl. München: Kirchheim.

Müller, B. (1996). Was will denn die jüngere Generation mit der älteren? Versuch über die Umkehrbarkeit eines Satzes von Schleiermacher. In E. Liebau, Eckart & C. Wulf (Hrsg.), *Generation. Versuche über eine pädagogisch-anthropologische Grundbedingung* (S. 304–331) Weinheim.

Müller, H.-R. (1999). Das Generationenverhältnis. Überlegungen zu einem Grundbegriff der Erziehungswissenschaft. *Zeitschrift für Pädagogik, 45(6),* (S. 787–805).

Nohl, H. (1929). *Pädagogische Aufsätze.* 2. Aufl. Langensalza/Berlin/Leipzig.

Oevermann, U. (2004). Sozialisation als Prozess der Krisenbewältigung. In D. Geulen & H. Veith (Hrsg.), *Sozialisationstheorie interdisziplinär* (S. 155–181.) Stuttgart: Lucius und Lucius.

Oevermann, U. (2009). Biographie, Krisenbewältigung und Bewährung. In S. Bartmann, A. Fehlhaber, S. Kirsch & W. Lohfeld (Hrsg.), *„Natürlich stört das Leben ständig" – Perspektiven auf Entwicklung und Erziehung* (S. 35–55). Wiesbaden: Springer VS, S. 35–55.

Oevermann, U. (2016). „Krise und Routine" als analytisches Paradigma in den Sozialwissenschaften. In Becker-Lenz, R., Franzmann, A., Jansen, A., Jung, M. (Hrsg.) *Die Methodenschule der Objektiven Hermeneutik* (S. 43–114). Wiesbaden: Springer VS.

Parsons, T. (1964). *Beiträge zur soziologischen Theorie.* Neuwied am Rhein: Luchterhand

Rosa, H. (2005). *Beschleunigung. Die Veränderung der Zeitstrukturen in der Moderne.* Frankfurt am Main: Suhrkamp.

Schierbaum, A. (2020). Adoleszenz – Abschied von einem Jugendbegriff? In L. Puchert, M. Neubauer, A. Schwertfeger (Hrsg.), *Jugend im Blick der erziehungswissenschaftlichen Forschung – Perspektiven, Lebenswelten und soziale Probleme* (S. 62–71). Opladen, Berlin, Toronto: Budrich.

Schleiermacher, F. (1826/1958): Pädagogische Schriften. In T. Schulze & E. Weniger (Hrsg.), *Die Vorlesungen aus dem Jahre 1826.* Düsseldorf/München.

Schröder, M. (2018). Der Generationenmythos. *Kölner Zeitschrift für Soziologie und Sozialpsychologie, 70,* (S. 469–494).

Schulmeister, J. (2023). *Jugend und Psychiatrie. Adoleszente Sozialisationsverläufe im Spannungsfeld der jugendpsychiatrischen Triade.* Wiesbaden: Springer VS.

Straub, J. (2018). Identität. In J. Kopp & A. Steinbach, A. (Hrsg.), *Grundbegriffe der Soziologie* (S. 175–180). Wiesbaden: Springer VS.

Straub, J., & J. Renn (Hrsg.) (2002). *Transitorische Identität.* Frankfurt a. M.: Campus.

Thiersch, S., & Krinninger, D. (2025, i.E.). Eine neue Welt? Bildungstheoretische Analysen der Artikulation und Aneignung der Coronakrise von Kindern und Jugendlichen. In S. Nonte, C. Reintjes, E. Grommé & H. Karutz (Hrsg.), *Regionale Perspektiven von Kindern und Jugendlichen in Zeiten von Schulschließungen, Isolation und Quarantäne.* Münster: Waxmann.

Thiersch, S., & Wolf, E. (2021). Schule zwischen Digitalisierung und Disziplinierung. Rekonstruktionen pädagogischer Generationsbeziehungen im digitalisierten Unterricht. *Zeitschrift für Bildung und Erziehung, 74, 1,* (S. 67–83).

Wiezorek, C. (2020). Jugend als Transformation sorgerechtlicher Abhängigkeit. Zur Relevanz von Altersnormierungen für jugendtheoretische Überlegungen. In A. Heinen, C. Wiezorek & H. Willems (Hrsg.), *Entgrenzung der Jugend und Verjugendlichung der*

Gesellschaft. Zur Notwendigkeit einer „Neuvermessung" jugendtheoretischer Positionen (S. 71–84). Weinheim & Basel: Beltz Juventa.

Zizek, B. (2015). Der Mensch als Bewährungssucher – Versuch einer systematischen Einführung des Begriffs der Bewährung in die Sozialwissenschaft. In D. Garz & B. Zizek (Hrsg.), *Wie wir zu dem werden, was wir sind: Sozialisations-, biographie- und bildungstheoretische Aspekte* (S. 71–89). Wiesbaden: Springer VS.

Jugend und pädagogisches Handeln – Erziehungswissenschaftliche Reflexionen

5

▶ In vielen sozialen und pädagogischen Arbeitsfeldern (Schul- und Berufspädagogik, Sozialpädagogik, Erwachsenenbildung, Freizeitpädagogik) sind Jugendliche die zentrale Bezugsgruppe. Das Wissen zur Bedeutung der generationalen (Un-)Ordnung, der biografischen sowie gesellschaftlichen Krisen und der Fragen zu Autonomie bzw. Abhängigkeit von Jugendlichen stellt eine Grundlage für pädagogisches Handeln dar. Für eine diesbezügliche Reflexion werden in diesem Kapitel konstitutive Grenzen und Entgrenzungen in den Beziehungen zwischen Jugendlichen und Pädagog*innen diskutiert und zentrale Begriffe wie Anerkennung, Autorität und Permissivität eingeführt und bestimmt. Abschließend wird deutlich gemacht, welchen Beitrag stellvertretende Deutungen und pädagogisches Fallverstehen für eine professionelle Arbeit mit Jugendlichen leisten können, um differenziert ihre Problemlagen zu erfassen und homogenisierende und defizitorientierte Zuschreibungen zu hinterfragen und aufzubrechen.

5.1 Zur Marginalisierung der erziehungswissenschaftlichen Forschung zum pädagogischen Handeln mit Jugendlichen

Jugend sollte, so könnte man annehmen, ein zentraler wissenschaftlicher Gegenstand der Bildungs-, Professions- und Organisationsforschung sein. Bemerkenswerterweise sind die aktuelle Literatur und Forschung zum Verhältnis von

Jugend und pädagogischem Handeln in Institutionen aber sehr überschaubar. Zwar kann von einer grundsätzlichen „Jugendvergessenheit in der Erziehungswissenschaft" nicht gesprochen werden (Grunert 2020, S. 23), allerdings wird mit dem Aufschwung empirischer Bildungsforschung der Fokus in den letzten Jahren auf „Jugend als Schul- und Lernjugend" verengt (ebd., S. 27). Jüngere Forschungsarbeiten, die sich explizit auf das Themenfeld Jugend und pädagogisches Handeln beziehen, existieren kaum. Pädagogische Professionsforschung rückt fast ausnahmslos Pädagog*innen selbst und nicht ihre zentralen Adressatengruppen in den Fokus. Während in der Elementarpädagogik Kindheit und Kind-Sein zentrale Referenzpunkte in zahlreichen Modellen pädagogischer Professionalität darstellen, spielen jugendspezifische Aspekte nur bedingt und in vereinzelten Ansätzen eine Rolle. Die zunehmende Ausblendung von Jugend in professionstheoretischen Entwürfen verkennt, dass nicht nur Pädagog*innen auf Jugendliche einwirken und pädagogische Institutionen zentrale Lebens- und Entwicklungsräume für Jugendliche darstellen. Umgekehrt gestalten und verändern Jugendliche auch pädagogische Institutionen wie die Schule. Sie nehmen in sozialen Interaktionen und Anerkennungsverhältnissen Einfluss auf pädagogisch Professionelle (für die Schule z. B. Grunert und Pfaff 2020, S. 84). Auch wenn er aktuell nur eine marginale Rolle einnimmt, muss der jugendliche „Entwicklungsaspekt als Bestimmungsstück pädagogischen Handelns" betrachtet werden (Fend 1997, S. 7). Er ist ein zentraler Gegenstand für die erziehungswissenschaftliche Beobachtung und Reflexion. Besonders die Krisen in jüngster Zeit, untern denen Jugendliche litten, haben deutlich gemacht, „dass Schule, Bildungsmodi und der Umgang mit Schüler*innen Alternativszenarien benötigt, wenn im Zeitalter der Krisen Normalitätserwartungen nachhaltig gestört werden" (Bauer 2023, S. 18).

Obwohl seit dem zweiten Weltkrieg ein mannigfaltiger wissenschaftlicher Diskurs zu Jugend geführt wird, viele Untersuchungen in der Jugendforschung ein umfangreiches Wissen zu den Lebenswelten von Jugendlichen vorgelegt haben (vgl. Kap. 2) und pädagogische Konzepte zur Förderung, Beratung und Hilfe von Jugendlichen existieren, findet man in der Erziehungswissenschaft, mit Ausnahme eines recht lebhaften Diskurses in der Sozialpädagogik, in den letzten Jahren kaum noch Analysen und Theorien zu den spezifischen professionellen Herausforderungen pädagogischer Praxis mit Jugendlichen. Unterschiedliche Entwicklungen führ(t)en zu dieser Marginalisierung. Zum einen sind Jugendtheorie und Jugendforschung gegenüber einer neu ausgerichteten sozialwissenschaftlichen Kindheitsforschung im Zuge der Professionalisierung der Elementar- und Grundschulbildung in letzter Zeit in den Hintergrund getreten (z. B. Forschungsprojekte,

Besetzung von Professuren etc.). Die Kindheitsforschung schloss hier durchaus an bekannte Frage- und Problemstellungen, Theorien und Methoden der Jugendforschung an, um über soziale Lagen, Perspektiven und Praktiken von Kindern in und außerhalb der Bildungsinstitutionen aufzuklären (Walper und Tippelt 2002, S. 189). Dagegen sind signifikante soziale Problemlagen und -felder von Jugendlichen (z. B. Jugendarbeitslosigkeit, Jugendgewalt) aus dem Fokus gerückt. Zum anderen werden in diesem Zusammenhang Jugendliche in einer expandierenden empirischen Bildungsforschung vor allem in Hinblick auf erbrachte Kompetenzen und Leistungen betrachtet. Eine evidenzbasierte Bildungspolitik und -praxis fokussiert im Kontext neuer Steuerungsmodelle auf standardisierte und messbare Leistungsvergleiche und den Output schulischer Bildungsprozesse. „Die bildungspolitischen Diskussionen der letzten Jahre haben das „Kerngeschäft" der Vermittlung ins Zentrum gerückt und diese Zuständigkeit des Lehrerberufs, so wie das ganze Bildungssystem überhaupt, unter Optimierungsdruck gesetzt. Dabei gerät leicht in Vergessenheit, dass es im Lehrerberuf um viel mehr geht, nämlich um einen angemessenen Umgang mit Jugendlichen" (Wernet 2017, S. 86). Wie Sliwka (2018, S. 8) festhält, ist eine „systematische pädagogische Bewegung zugunsten der Gestaltung von schulischen Bildungsprozessen in der Adoleszenz (…) im deutschsprachigen Raum (…) nicht erkennbar", was auch mit einem starken Schulformbezug in der Sekundarstufe I begründet wird.

> „Gerade, weil es für die Adoleszenz in der Schule kein Konzept gebe, seien Jugendliche gefangen zwischen der Behütungskultur und dem Gebot der Anschaulichkeit der Grundschulpädagogik einerseits und der hohen Fachlichkeit und Eigenverantwortung der Oberstufe andererseits. Diese Diagnose, so meine These, gilt bis heute für unser Schulsystem, das – bis auf den Innovationsmut einiger Leuchtturmschulen – wenig eigenständige Schulentwicklung und Forschung zu wirksamen und gelingenden Lernprozessen von Zehn- bis Sechzehnjährigen hervorgebracht hat" (Sliwka 2018, S. 8 f.).

Jugendliche sind dabei die relevanten Akteur*innen und Adressat*innen pädagogischer Zeige- und Vermittlungsabsichten. Folgerichtig müssten auch nach Fend (1994) pädagogische Organisationen wie die Schule primär für Jugendliche da sein: „Sie müsste Jugendliche auf dem Wege ihrer Identitätsfindung begleiten und könnte durch abgestimmte Bildungsangebote diese persönlichen Entwicklungswege bereichern" (Fend 1994, S. 8). In diesem Kapitel wird nun der Frage nachgegangen, warum die Jugendphase aber auch die gesellschaftliche Entwicklung hin zu einer Idealisierung eines „Jugendhabitus" für die Reflektion pädagogischen Handelns von Interesse sein sollten.

5.2 Grenzen und Entgrenzungen in der pädagogischen Praxis mit Jugendlichen

Aktuell nehmen sich Jugend- und schulische sowie außerschulische Bildungsforschung wechselseitig kaum wahr. Dabei war Jugend in der geisteswissenschaftlichen Tradition und auch in der ersten Hälfte des 20. Jahrhunderts einer der zentralen Reflexionsgegenstände der Pädagogik. „Jugendkunde" wurde nicht nur zunehmend ein zentraler Bereich pädagogischen Handelns, sondern auch einer Wissenschaft, die Erziehungs- und Bildungsverhältnisse untersucht (Grunert 2020, S. 16). So entwirft Spranger (1925) etwa – normativ und zeitdiagnostisch – Jugend vor dem Hintergrund des krisenhaften Prozesses der inneren Veränderungen und äußeren Auseinandersetzung mit Kultur und Sozialität als „erziehungsbedürftig" und „pädagogisches Moratorium" (Grunert 2020, S. 18). In der Gründungszeit einer modernen Jugendforschung werden dabei erste Grundlagen für die Reflexion der pädagogischen Beziehungen zu Jugendlichen entwickelt. Einen entscheidenden interdisziplinären Beitrag leistete Siegfried Bernfeld (1973) in seinem Werk „Sisyphos oder die Grenzen der Erziehung", dem wohl bekanntesten erziehungswissenschaftlichen Buch des 20. Jahrhunderts in Deutschland. Zentrale Reflexionskategorien für pädagogisches Handeln sind demnach jugendkulturelle Ausdrucksformen bzw. Positionierungen und der jugendliche Entwicklungsverlauf in Abhängigkeit des sozialen Hintergrunds einerseits und die Erziehungstatsachen, die Einflussnahme pädagogischer Institutionen und darin die Etablierung von homogenen Jugendbildern andererseits (Grunert 2020, S. 17). Bernfeld führt hier drei Grenzen der Erziehung ein, die aus meiner Perspektive bis heute zentrale Reflexionsfolien für die Arbeit mit Jugendlichen darstellen.

Die erste Grenze ist die von der psychoanalytischen Theorie geprägte Überlegung, dass die pädagogische Beziehung neben den intendierten Veränderungsabsichten immer auch *von unbewussten Motiven und Konflikten* bestimmt ist. Zum einen sind Pädagog*innen von Projektionen und Bearbeitungen des eigenen jugendlichen Selbst beeinflusst. Dies hat eine weitreichende Bedeutung, da damit zunächst die eigenen Jugenderfahrungen der Pädagog*innen selbst im pädagogischen Handeln bearbeitet werden. Sie bestimmen zu einem gewissen Grad, wie die Jugendlichen wahrgenommen werden und wie mit ihnen gearbeitet wird. „Wer immer über Kindheit oder Jugend denkt, steht unter einer psychischen Konstellation, die das reine Denkergebnis affektiv gefährden will. Ein Kind kennt er mit unvermeidlicher Aufdringlichkeit und Lebendigkeit: sich selbst als Kind" (Bernfeld 1973, S. 31 f.). Pädagog*innen sind in ihrer pädagogischen Praxis mit Jugendlichen damit implizit – mitunter auch explizit – aber permanent mit der eigenen

Adoleszenz konfrontiert und müssen sich zu dieser positionieren. Verdrängte Kindheits- und Jugenderfahrungen und verdrängte Triebe und Wünsche von Pädagog*innen können sich als unkontrollierbare und unbewusste Affekte in die Arbeit mit Jugendlichen einmischen (ebd., S. 32 f.). So kann es – trotz hinreichender Professionalität – zur Übertragung eigener Jugendwünsche und -projekte sowie jugendlicher Erfahrungen in Erziehungs- und Bildungsinstitutionen auf die Heranwachsenden kommen. Pädagog*innen können als Repräsentanten der erziehenden Generation „(…) die Wirkung ihres erzieherischen Wollens nur sehr begrenzt steuern, eben weil sie selbst immer schon Teil der Entwicklungstatsache ist, auf die sie reagiert" (Müller 2001, S. 61).

Umgekehrt werden Pädagog*innen zu Übertragungs- und Identifikationsobjekten von Jugendlichen. Die sozialen und emotionalen Konflikte und Krisen sowie die Bindungs- und Beziehungsmuster mit erwachsenen Bezugspersonen wie den Eltern im Individuationsprozess werden auf Pädagog*innen übertragen und reproduzieren sich in dieser Beziehung. Gleichzeitig können Pädagog*innen als signifikante Andere Identifikationsobjekte für Jugendliche darstellen, in dem sich diese mit deren Persönlichkeit und Wissen identifizieren. Pädagog*innen werden damit zu stellvertretenden Ablösungs- und Bindungsobjekten. Jugendliche suchen in ihnen Anerkennung, haben aber zugleich Angst vor Zurückweisung. Die Folge können diffus aufgeladene, emotionalisierende und entgrenzende pädagogische Beziehungen sein (siehe Abschn. 4.3).

Mit diesen Überlegungen wird sehr deutlich, in welchen wechselseitigen Abhängigkeitsverhältnissen Pädagog*innen und Jugendliche stehen. Sowohl der innere Jugendkonflikt des Pädagogen als auch die jugendliche Projektion auf pädagogisch Professionelle helfen dabei, mit generationalen (Un-)Ordnungen, Krisen und Autonomie umzugehen. „Dass beide, Erzieher und Zögling, sich gemeinsam orientieren an der adoleszenten Imago von Jugend, jugendlicher Bewegtheit, Spontanität und Beziehungsintensität, ermöglicht es ihnen, die generationsdifferente, potentiell aggressiv aufgeladene Ambivalenz ihres Verhältnisses weitgehend zu verleugnen" (Winterhager-Schmid 1996, S. 228). Denn sowohl hinsichtlich der Sachaufgaben des Beratens, Helfens, Lehrens, Unterrichtens und Betreuens als auch hinsichtlich der Beziehungsaspekte „sind pädagogische Verhältnisse triangulär strukturiert" und „psychodynamisch geladen" (Müller 2001, S. 71). Als Beziehungsort unterstützen sie „als Drittes" die Ablösung von den Eltern, wenngleich Pädagog*innen auch Erwachsene sind und so stellvertretende Ablösungskämpfe in rollenförmigen Beziehungen austragen. Als ein sachhaltiger Ort kann eine Auseinandersetzung mit der Jugendphase über die konkreten Gegenstände in der pädagogischen Arbeit erfolgen (ebd.).

Zweitens ist eine *Grenze der Vermittlung bzw. Aneignung* anzuerkennen. Erziehung geschieht in Situationen, an denen mindestens zwei Menschen beteiligt sind. Nach Bernfeld (1973, S. 36) hat die Pädagogik dabei zu oft die falschen Fokus gesetzt, indem sie mit Bezug auf allgemeine (Alltags-)Modelle davon ausgeht, den ganzen jungen Menschen zu kennen. Bernfeld skizziert hier eine Grenze, wie sie später auch bei Luhmann in der Systemtheorie beschrieben worden ist. Jugendliche stellen ein eigenes psychisches und selbstreferenzielles System dar, von denen Pädagog*innen in der Vermittlung nicht wissen können, wie sie die Inhalte, Beratungsangebote etc. selektieren und verarbeiten. Das heißt in der Pädagogik kann nie ganz davon ausgegangen werden, ob das, was vermittelt und gezeigt werden soll, auch tatsächlich so von den Jugendlichen angeeignet wird. Deswegen sollten Pädagog*innen sich von der Vorstellung lösen, mit ihrem Handeln einen Zugriff auf die ganze Persönlichkeit des Jugendlichen zu haben. Gerade in der Jugendphase zeigt sich damit das Dilemma, dass pädagogisches Handeln zwar eine Absicht verfolgen muss, jedoch nicht von einer erfolgreichen Umsetzung ausgehen kann, da diese nur von den Jugendlichen zu realisieren ist (Wimmer 1996, S. 425). Sie können in der Argumentation Bernfelds ihre Beziehung zum Jugendlichen nicht ins Zentrum rücken und davon ausgehen, dass sie die jungen Menschen kennen, da gerade so Kategorisierungen und Bewertungen einfließen. Vielmehr wäre der Ausgangspunkt, dass Jugendliche ein „fremdes Gegenüber" sind und bleiben. Deswegen wäre vielmehr – allgemeiner und wissenschaftsorientierter – zunächst der Frage nachzugehen, wie die*der Jugendliche an sich ist. Daraus schlussfolgert Bernfeld, dass die Pädagogik sich nicht nur für die empirischen Bedingungen der Erziehungswirklichkeit interessieren müsse. Erst auf der Grundlage einer Analyse des Jugendlichen an sich und seines sozialen Ortes ist eine Beziehung zu ihm zu entfalten. „Sinn und Funktion der Pädagogik ist die Rationalisierung der Erziehung" (ebd., S. 15). Eine Analyse der Veränderungen von Jugenden im Allgemeinen (z. B. in Fortbildungen) und der individuellen Situationen von Jugendlichen (z. B. durch eine Offenheit für und ein Verständnis für den Fall) ermöglicht es, angemessen auf ihre Entwicklungen zu reagieren. Dazu gehört auch Inhalte, Medien und didaktische Ansätze zu hinterfragen und anzupassen. Unterricht müsse bspw. so im Rahmen gesellschaftlicher und generationaler Ordnungen diskutiert werden und es wäre erforderlich zu fragen, was zur Aufrechterhaltung dieser Ordnungen beiträgt (ebd., S. 27).

Eine *dritte Grenze* beschreibt, dass sich Erziehung innerhalb einer *gesellschaftlichen Rahmung* vollzieht. Die pädagogische Arbeit mit Jugendlichen findet in einem Umfeld statt, in dem Erziehungspraktiken auch gesellschaftlich konstituiert und konstruiert sind. Erziehung ist immer ein soziales Handeln und eine sozialisierte Praxis, die nicht die*der Einzelne allein verantwortet. Unabhängig, ob

5.2 Grenzen und Entgrenzungen in der pädagogischen Praxis mit Jugendlichen

Erziehung in pädagogischen Institutionen mit organisierten und vorgegebenen Inhalten und Abläufen oder weniger geplant in der Familie stattfindet, die Erziehung von Jugendlichen ist von den jeweiligen gesellschaftlichen Rahmungen und Vorgaben geprägt (z. B. Vorstellungen über gewaltfreie Erziehung). Pädagogische Verhältnisse sind so die „Summe der Reaktionen einer Gesellschaft auf die Entwicklungstatsache" (ebd., S. 51). Das kann indes bedeuten, dass trotz guter Absichten der Pädagog*innen (z. B. soziale Ungleichheiten von Jugendlichen abzubauen) sich gesellschaftliche Verhältnisse in der pädagogischen Aktion reproduzieren. Ihr tun „ist bloß ein Faktor in dem Ganzen dieser Wirkungen" (ebd. S. 26).

Für Bernfeld folgt aus den drei Grenzen eine paradoxe Konsequenz: Pädagog*innen müssten auf „blinde" oder „unreflektierte" disziplinierende und regulierende Erziehungspraktiken und -sprechakte verzichten, um angemessen erziehen zu können. Grenzen werden oft nicht wahrgenommen, weil einerseits unbewusste Wünsche und Erwartungen in die Erziehung einfließen, andererseits der Einfluss gesellschaftlicher Rahmungen unterschätzt wird. Sie müssten so historische, psychoanalytische, kulturelle und soziale Dimensionen des Erziehungsverhältnisses reflektieren.

Auf der Beziehungsebene führt dies zu Konflikten, die im Folgenden im Anschluss an Wernet (2003, 2018) als *Entgrenzungen* beschrieben werden. Er geht davon aus, dass die Auseinandersetzung mit Störungen und Regelverstößen in Schulen kein „Grenzfall" markiert und zum „Kernbestand" des pädagogischen Handelns gehört, womit mit „Situationen der Überforderung des Pädagogischen" zu rechnen sei (Wernet 2011, S. 166). Auch er begründet dies nicht mit individuellen Fehlverhalten von Jugendlichen oder absichtsvollen Bloßstellungen, Beschämungen und Degradierungen einzelner Pädagog*innen. Pädagogische Entgrenzungen sind vielmehr ein strukturelles Problem der sozialisatorischen Asymmetrie im Erziehungsprozess (vgl. dazu Wernet 2003, 2018). Beiderseitige Entgrenzungen sind also der pädagogischen Beziehung inhärent. Besonders in der pädagogischen Interaktion zwischen Jugendlichen und ihren erwachsenen Pädagog*innen sind Entgrenzungen erwartbar, da Jugendliche in der Ablösung von erwachsenen Bezugsnormen und Orientierungen den pädagogisch gewünschten Handlungsrahmen eines spezifischen Rollenhandelns mitunter übertreten und sich selbst und die Dinge in der Welt in Frage stellen. Vor dem Hintergrund der Krisen und des Gefühls des Identitätsverlustes identifizieren sich Jugendliche mit regressiver Intoleranz und Devianz, um innere und äußere Konflikte zu bewältigen (Erikson 1966, S. 209). Pädagogische Praxis beinhaltet damit eine sozialisatorische Interaktion, die erst zu einem noch nicht vorliegenden Habitus hinführen soll (Wernet 2018). Die pädagogische Entgrenzung ist dann eine Antwort auf Entgrenzungen der Jugendlichen als ein sehr häufiger Entgrenzungstypus. Daneben können

Entgrenzungen auch aus der Eigendynamik des pädagogischen Handelns, um bspw. als Lehrer*in jugendkulturelle Nähe zu den Schüler*innen herzustellen, wie im folgenden Beispiel deutlich wird (aus: Oldendörp 2017, S. 43).

„Du bist aber auch ein Mädchen"

Stundenthema: Einführung in die Säure-Base-Konzepte, 8. Klasse

Lm1: Was ist eine Säure?
Sm1: Reizend
Lm1: Uuuuuh reizend! (zwinkert auffällig)
Sm 1: Oh man.
Lm 1: War doch richtig! Jetzt sei doch nicht immer gleich beleidigt. Du bist aber auch ein Mädchen.
Sw 1: Pussy.

Alle Schülerinnen und Schüler lachen. Sm 1 selbst auch. ◄

Schüler*innen und Lehrer*innen interagieren somit nicht allein im schulischen Handlungsrahmen eines spezifischen Rollenhandelns. In pädagogischen Interaktionen finden sich empirisch informelle und diffuse Kommunikationsanteile. Dieser Lehrer*innentypus übertritt im Modus einer personalisiert-diffusen Adressierung den schulisch verfassten Handlungsrahmen. In der „überbietenden Entgrenzung" kann es wie hier zur jugendkulturellen Überbietung der Beschämung eines Schülers vor seinen Peers kommen (Wernet 2005, S. 127). Diese kann aber auch aus der „Steigerung, Verschärfung oder Überdehnung des schulisch institutionalisierten Leistungsrahmens" in der Interaktion resultieren (ebd.). Unabhängig davon, auf welche Inhalte sich Entgrenzungen beziehen, entstehen sie in der Interaktion zwischen Pädagog*innen und Jugendlichen, die ihren rollenspezifischen Handlungsrahmen insofern verlassen. Die Lösung, Entgrenzungen zu vermeiden, ist nun aber weder auf der einen Seite, sich die Jugendsprache anzueignen, noch auf der anderen Seite, ganz auf Distanz zu Jugendlichen zu gehen.

In einer weiteren Studie grenzt Wernet (2011, S. 163) die pädagogische Entgrenzung von der Informalisierung ab. Dabei unterscheidet er wiederum zwischen „entgrenzenden und entspannenden Informalisierungen unterrichtlicher Interaktion". Während sich in der entgrenzenden Informalisierung Verletzungen, Beschämungen und Demütigungen reproduzieren, beschreibt „die entspannende Informalisierung (…) einen Interaktionsverlauf, in dem es der pädagogischen Intervention gelingt, im Modus der Informalisierung eine unterrichtliche Situation zu entproblematisieren" und darüber hinaus „in der unterrichtlichen Situation latent enthaltene Peinlichkeiten und Bloßstellungen abzuwenden" (ebd. S. 163). Die Entspannung bietet im Gegensatz zur sich verschärfenden Entgrenzung einen Erholungsraum in der Interaktion. Grundsätzlich besteht ein schmaler Grat zwischen Informalisierung und Entgrenzung. Erschwerend kommt hinzu, dass angesichts der Ungewissheit des Handelns der Jugendlichen und der Re-Adressierung und Hervorbringung der Pädagog*innen im Bedingungsgefüge pädagogischer Interaktion sich diese die paradoxe Struktur des pädagogischen Handelns reflexiv nie voll umfänglich verfügbar machen und diese in Balance halten können. Wernet (2003) konnte empirisch aber als interaktive Gegenbewegung zur Entgrenzung eine zweite Handlungslogik herausarbeiten, um auf schüler*innenseitige Devianzen, Verletzungen und Störungen zu reagieren. Diese bezeichnet er als *pädagogische Permissivität*. Sie beschreibt, wie die Geltung eines (schulisches) Handlungsrahmens und somit die Rollenförmigkeit des Handelns aufrechterhalten werden kann (Abb. 5.1).

Schüler*innenabweichungen wie hier die vergessenen Hausaufgaben werden in der pädagogischen Interaktion als eine Ausnahme markiert. Es wird keine persönliche Betroffenheit hergestellt. Pädagog*innen mit einer permissiven Haltung werden weder intervenieren noch sanktionieren (z. B. Strafen): „Wenn wir die sozialisatorische Lage der kindlichen und jugendlichen Schüler*innen dadurch charakterisieren, dass wir ihnen eine noch nicht ausgebildete und stabilisierte Handlungsautonomie (…) unterstellen, dann liegt es nahe, den sozialisatorischen Sinn der ‚entspannten' Eindeutigkeit des schulischen Handlungsmusters gerade darin zu sehen, sie nicht mit widersprüchlich und ambivalent konzipierten Handlungssituationen zu konfrontieren" (Wernet 2003, S. 119). Wernet schlägt vor, der adoleszenzbedingten regressiven Intoleranz mit *Toleranz*, d. h. mit „Verständnis und Anleitung statt mit Redensarten und Verboten zu begegnen, (…) wohlwissend, dass es ausgesprochen schwierig, anstrengend und wahrscheinlich auch nicht durchgängig möglich ist (…)" (Wernet 2017, S. 85 f.). „Die Haltung einer pädagogischen Toleranz und Permissivität macht nur dann Sinn, wenn sie sich ihrer selbst sicher ist, wenn sie sich nicht von der anhaltenden jugendlichen Intoleranz frustrieren lässt, wenn sie von ihrer Angemessenheit und Richtigkeit auch dann noch über-

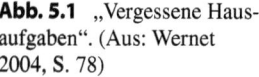

Abb. 5.1 „Vergessene Hausaufgaben". (Aus: Wernet 2004, S. 78)

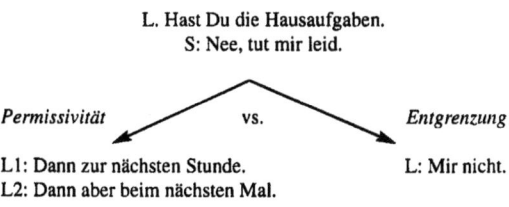

zeugt ist, wenn sie sich weder auf den Nachweis noch das Gefühl, etwas bewirkt zu haben, berufen kann" (ebd., S. 86). Toleranz ist, wie pädagogisches Handeln im Allgemeinen, eng mit sozialer Anerkennung verbunden.

5.3 Anerkennung und Verletzung zwischen Subjektorientierung und Subjektivierung

Nicht zuletzt angesichts der Transformationsanforderungen für Jugendliche in der Spätmoderne, bei denen Adoleszenzkrise und gesellschaftliche Multikrisen zusammenfallen, bedürfen sie Verständnis, Bestätigung und Unterstützung. Denn Jugendliche können nur etwas erkennen und anerkennen, wenn sie selbst erkannt und anerkannt werden (Ricoeur 2006). Anerkennung von Jugendlichen ist Methode und Ziel pädagogischen Handelns (Scherr 2003). In der sensiblen Übergangsphase Jugend, die mit Verunsicherungen, Ungewissheiten, Ausprobieren und Suche einhergeht, ist die Anerkennung von Differenz und Diversität für Subjektbildungsprozesse zentral und kann so Generativität ermöglichen (King 2013). Dennoch ist Anerkennung ein voraussetzungsreicher sozialer Prozess, der nicht nur in grundlegende gesellschaftliche Macht- und Herrschaftsverhältnisse eingebettet ist, sondern auch interaktiv dynamisch und wenig planbar verläuft. Die Schwierigkeit, den Anerkennungsbegriff als pädagogisches Grundkonzept für das pädagogische Handeln zu erheben, besteht also darin, dass durch eine „durchgängige positive Aufladung von Anerkennung […] negierende wie sanktionierende Handlungen dann allzu leicht Gefahr laufen, als Abwertungen und Missachtungen codiert zu werden" (Balzer und Ricken 2010, S. 55).

Bestimmungen des Anerkennungsbegriffs
Anerkennung wird – holzschnittartig betrachtet – theoretisch in zwei Richtungen gedacht, die meines Erachtens für die pädagogische Praxis zentrale Reflexionspunkte darstellen: Zum einen wird sie in intersubjektiven (pädagogischen) Beziehungen in den Spannungsfeldern von Anerkennung und Verletzung und den daraus resultierenden Ambivalenzen verstanden (Prengel 2013). Es wird dabei davon ausgegangen, dass die Anerkennung durch andere Personen Voraussetzung für eine positive Selbstbeziehung ist. Anerkennung wird so als eine moralische Grammatik des Handelns begriffen, um das Verhalten von Mitmenschen, sowohl von Einzelnen als auch von Gruppen, zu bejahen und positiv zu verstärken (z. B. durch Lob). Im Anschluss an Honneth (1994) sind hier drei Formen von Anerkennungsverhältnissen und ihren misslingenden Varianten zu unterscheiden: Die emotionale Anerkennung in intimen Liebensbeziehungen ist in den Polen Zuwendung versus Abneigung aufgespannt. Die moralische Anerkennung, die in Beziehungen des Rechts kennzeichnend sind, muss im Kontinuum von Achtung versus Missachtung verortet werden. Schließlich wird bei der individuellen Anerkennung in Beziehungen, in denen es um Leistungen geht, Wertschätzung oder Ent-

5.3 Anerkennung und Verletzung zwischen Subjektorientierung und ...

wertung verhandelt. Die einzelnen Formen der Anerkennungsbeziehungen unterscheiden sich noch einmal hinsichtlich der pädagogischen Arbeits- und Berufsfelder aber auch hinsichtlich von pädagogischen Kulturen (z. B. Schulformen und -kulturen). Die pädagogische Anerkennung steht dabei vor der Herausforderung, dass sie angesichts der faktischen Heterogenität der Jugendlichen nicht homogenisiert bzw. standardisiert erfolgen kann und an die spezifischen Bedürfnisse und Lebenslagen der Jugendlichen angepasst werden muss.

Alle drei Anerkennungsverhältnisse von Honneth sind für Jugendliche in pädagogischen Beziehungen relevant und können in unterschiedlichen Varianten zum Ausdruck kommen. Emotionale Anerkennung ist vor allem kennzeichnend für die Arbeit mit Kindern und kommt z. B. in einer liebevollen Fürsorge aber auch in dafür konzipierten Räumen zum Ausdruck. Aber auch die pädagogischen Beziehungen mit Jugendlichen basieren auf emotionaler Anerkennung in Form eines wechselseitigen Vertrauens, das die Voraussetzung für die Arbeit mit Jugendlichen darstellt. So darf etwa Macht in Form von Wissenshoheit und Deutungskompetenz nicht entgrenzend missbraucht werden, weil damit das Vertrauen von Jugendlichen verloren geht. Für Jugendliche sind in pädagogischen Institutionen aber vor allem Achtung und individuelle Wertschätzung für die Identitätsbildung und soziale Integration von hoher Bedeutung. In der Jugendphase hat moralische Anerkennung einen besonderen Stellenwert, da es für sie in der Entwicklung abstrakterer Denkformen möglich wird, generalisierte Regeln zu akzeptieren und soziale Rollen und Perspektiven generalisierter Anderer zu übernehmen. Zugleich wird moralische Zurechnungsfähigkeit Jugendlichen zunehmend in rechtlichen Mündigkeiten und normativen Verpflichtungen (vgl. Kap. 4) zugetraut, unterstellt bzw. zugeschrieben (Honneth 1994, S. 174; Helsper et al. 2009, S. 372).

Anerkennung ist in einer zweiten Betrachtungsweise mit Blick auf die Subjektivierungsverhältnisse in pädagogischen Beziehungen zu bestimmen (Butler 2001; Ricken 2013). Im vierten Kapitel wurde mit dem Konzept der generationalen Ordnung bereits deutlich gemacht, dass Erwachsene in und außerhalb von pädagogischen Institutionen Jugendliche als diese adressieren. Was Jugendliche sind und dürfen, wird durch Andere in Interaktionen und durch je historisch, kulturell und sozial gerahmte Vorstellungen und Normen hervorgebracht. Dabei spielt auch eine Rolle, wie sich intragenerational Peers wechselseitig als Jugendliche anerkennen. Umgekehrt sind Jugendliche jedoch auch am Herstellungsprozess von Autorität bzw. des Führungsanspruchs von Pädagog*innen beteiligt. Pädagog*innen werden von diesen in Re-Adressierungsprozessen anerkannt, weshalb von Anerkennungsordnungen in pädagogischen Beziehungen auszugehen ist. Anerkennung ist in dieser Perspektive also ein sozialer Prozess der wechselseitigen Adressierungen und Wahrnehmungen (Balzer und Ricken 2010). Sie führt nicht im aufklärerischen

Sinne zum souveränen Subjekt, sondern wird in Figuren relationaler Subjektivität, situativer Aushandlungen und gegenseitiger Hervorbringungen gedacht (Ricken 2013, S. 69). In einem so perspektivierten Anerkennungsverhältnis werden auch die im Zusammenhang mit Jugendlichen oft diskutierten und zitierten normativen Topoi der pädagogischen Autorität und Verantwortung (re-)produziert. Autorität wird danach zu einem „anerkannten Führungsverhältnis" als ein soziales Über- und Unterordnungsverhältnis zwischen Personen oder Gruppen (Schäfer und Thompson 2009, S. 7) und ist ebenfalls für pädagogisches Handeln konstitutiv (Merl 2021, S. 45). Wurde lange die zunehmende Reziprozität auf der Beziehungsebene in ihren Implikationen als pädagogische Autorität betrachtet, wird inzwischen auch die Bedeutung der Anerkennung für die fachliche und moralische Autorität diskutiert. Ebenfalls im Verantwortungsdiskurs wird aus einer Anerkennungsperspektive historisch ein Wandel von der einordnenden über die aushandelnde bis hin zur antwortenden Verantwortung der Pädagog*innen herausgearbeitet (Kuhlmann 2023). Bezogen darauf sind in pädagogischen Beziehungen unter individualisierten und digitalisierten Vorzeichen Responsibilisierungsprozesse zu beobachten, in denen Jugendliche die Verantwortung für ihr Leben, Lernen und ihre Situation zugeschrieben wird, wie im Beispiel einer Ansprache des Lehrers in einem Lernbüro, in dem die jugendlichen Schüler*innen selbstorganisiert lernen und bspw. auch selbst entscheiden (sollen), wann sie ihre Tests schreiben, veranschaulicht wird.

„Ihr seid in der Pflicht"

| Lm: | *ähm ich wiederhole das nochmal ihr seid in der pflicht (.) darzulegen und uns aufzuzeigen dass ihrs bis freitag nicht schafft (.) schafft ihrs alles safe seid ihr mit dem lernpfad durch. schafft ihrs nicht müsst ihr vorher kommen und sagen ich brauche vier tage länger ich brauche äh-: sechs tage länger dann komme ich und das ist mein termin für die arbeit. (.) kommt ihr gar nich (5) °so ne?° (3) aber ihr habt die chance zu kommen und zu sagen okay ich brauche so und so viel tage* |

◀

Gerade in pädagogischen Institutionen wie der Schule unterwerfen sich Jugendliche in den alltäglichen Wiederholungen körper- bzw. leiblich, räumlich, zeitlich und sozial den Normalisierungs- und Homogenisierungsprozessen der Institution und der Akteur*innen (Butler 2014, S. 184). Denn sie werden als Schüler*innen (z. B. Streber*innen, Ideal- und Sorgenschüler*innen), Hilfsbedürftige oder Abweichler*innen (an-)erkannt und darin subjektiviert. Dabei werden entlang pädagogischer Normen, wie z. B. den Leistungs- und Verhaltensnormen in der Schule, durch Zuschreibungen und Adressierungen hierarchisierenden Anerkennungsverhältnisse (re-)produziert, die intersektionale Differenzenordnungen (z. B. Milieu, Gender, Migration, Behinderung, Sexualität) hervorbringen. Diese sind wiederum in gesellschaftliche Macht- und Herrschaftsverhältnisse eingebettet (Kuhlmann und Ricken 2022). Bekannte und anerkannte Normen, mit den Pädagog*innen Jugendliche oftmals pauschal konfrontieren, sind – nicht nur in pädagogischen Institutionen – beispielsweise Eigenverantwortung und Selbstständigkeit. Aus Sicht der Jugendlichen wiederum stellt das Anerkennungs- bzw. (Re-)Adressierungsgeschehen eine zentrale Voraussetzung und Bedingung im adoleszenten Positionierungs- und Bewährungsgeschehen dar.

Im Lichte dieser anerkennungstheoretischen Überlegungen ist auch die Subjektorientierung als ein zentrales Konzept, vor allem der Jugendarbeit in der Sozialpädagogik (z. B. im Konzept der Lebensbewältigung von Böhnisch 2023), nicht als einseitige Fokussierung auf das Individuum gedacht. Auch hier werden Subjektivierungsprozesse in Anerkennungs- und Machtverhältnissen berücksichtigt (Scherr 2021). Dennoch wird von Subjektbildungsprozessen ausgegangen und „Subjektivität als normativ-kritischer Grundbegriff [verwendet], der dazu dient, sowohl Behinderungen, Beschädigungen und Begrenzungen als auch Ermöglichungsbedingungen von Selbstbewusstsein und Selbstbestimmungsfähigkeit zu analysieren" (ebd., S. 639). Es geht in der Arbeit mit Jugendlichen folglich darum, sie anzuerkennen, sie aber auch dazu zu befähigen, das Recht und die Grenzen Anderer anzuerkennen, um auf dieser Basis Urteils-, Entscheidungs- und Handlungsfähigkeit zu stärken (ebd., S. 640). Die Anerkennung und Unterstützung von Subjektbildungsprozessen in der Auseinandersetzung mit gesellschaftlichen Möglichkeiten und Zwängen kann somit Räume für ein Selbstbewusstsein und eine relative Selbstbestimmung eröffnen, die wiederum eine eigensinnige und -verantwortliche Lebensführung möglich machen (ebd., S. 645).

5.4 Professionelle pädagogische Arbeit mit Jugendlichen: Paradoxien, stellvertretende Deutung und Krisenbewältigung

Letztlich stellt sich die Frage, wie professionelles pädagogisches Handeln in der Zusammenarbeit mit Jugendlichen aussehen kann. Allgemein haben sich in der Professionsforschung zahlreiche Perspektiven auf die Professionalisierung und Professionalität des pädagogischen Personals herauskristallisiert (im Überblick Helsper 2021). Im Folgenden wird an den strukturtheoretischen Ansatz als eine prominente Perspektive angeschlossen, in der Jugend als institutionale und biografische Lebensphase einen zentralen Referenzpunkt für das pädagogische Handeln bildet. Gerade in diesem Ansatz werden Fragen nach generationaler (Un-) Ordnung, Krisen und Bewährung sowie Autonomie und Abhängigkeiten für die Frage der Grenzen, wechselseitigen Entgrenzungen sowie Anerkennungen im pädagogischen Handeln in den Mittelpunkt gestellt. In anderen Ansätzen spielt ein Wissen über Jugend (siehe Baustein Wissenswertes) bislang eher eine untergeordnete (z. B. Berufsbiografischer Ansatz) oder gar keine Rolle (z. B. Kompetenztheoretischer Ansatz).

Jugend im berufsbiografischen und kompetenztheoretischen Ansatz
Im berufsbiografischen Ansatz wird Professionalität als berufsbiografisches Entwicklungsproblem verstanden und auf die Prozesse der professionellen Entwicklung gezielt (Hericks 2006). Hier erscheint Jugend mindestens in doppelter Gestalt von Interesse zu sein, auch wenn dies bislang nur ansatzweise in den Blick empirischer Forschung kam. Zum einen sind angehende Erzieher*innen, Sozialarbeiter*innen und Lehrer*innen in ihrer Ausbildung selbst noch Postadoleszente und haben sich Berufswahlmotive in der Jugendphase in der Auseinandersetzung und Positionierung zu den beruflichen Erwartungen und Orientierungen in der Familie gebildet und bewährt. Auch wenn sich die Berufswünsche und -motive bereits in der Kindheit entwickeln und bilden können, so ist doch die Berufswahl strukturell an die relevanten Entscheidungen in der Jugendphase im Kontext von Gatekeepern und bestimmten Voraussetzungen (wie Zertifikate etc.) gebunden. Diese müssen nicht nur objektiv in zeitlicher, räumlicher und sozialer Hinsicht in dieser Phase getroffen werden (z. B. am Ende der Schulzeit), damit verbunden sind auch biografische Integrationsleistungen des Subjekts, die nachhaltig die Identifikation mit dem Beruf und die pädagogische Arbeit mit Jugendlichen prägen kann. Zum anderen ist die eigene berufsbiografische Entwicklung mit den steigenden Berufsjahren in ein Verhältnis zu den Jugendlichen zu setzen. Es stellen sich für die pädagogisch Professionellen anhaltend relevant bleibende Entwicklungsfragen. Zugleich verändern sich Lebensstile, Praktiken (Sprache, Freizeitaktivitäten, Musik, Mode usw.) und Vergemeinschaftungsformen von Jugendlichen. Im Berufseinstieg (z. B. in der Erzieherausbildung bereits zwischen dem 15. und 20. Lebensjahr) befinden sich Pädagog*innen oftmals selbst noch in der Spätadoleszenz und könnten als Peers gelten, während am Ende des Berufslebens bereits zwei Generationen zwischen ihnen und ihrem Klientel liegen. Dies impliziert Konsequenzen für die pädagogische Beziehung aber auch für das Selbstverständnis und die berufliche Entwicklung. Denn wie berufsbiografische Untersuchungen zum Lehrer*innenberuf schon länger belegen, hängt der positive oder negative Blick auf den Beruf auch davon abhängt, wie die Beziehungen mit und die Erreichbarkeit von Heranwachsenden eingeschätzt wird (z. B. Hubermann 1991).

Im für die Bildungsforschung zentralen kompetenztheoretischen Professionsansatz, der pädagogische Professionalität als Konglomerat aus Kompetenzen in unterschiedlichen Anforderungsbereichen betrachtet (Unterricht, Didaktik, Diagnose, Schulentwicklung, Inklusion, Kooperation usw.), werden Kenntnisse über die sozialen Hintergründe und die jugendlichen Erfahrungsräume und Problemlagen in dieser Phase nicht relevant. Diese sind in der empirisch ausgerichteten Perspektive auch schwer bestimm- und so messbar. Im Expertenmodell wird vielmehr das unterrichtsbezogene Wissen und Können des Professionellen selbst erfasst. In der Bewertung orientiert man sich dabei am Outcome in Form von Unterrichtsqualität oder Schüler*innenleistungen bzw. -kompetenzen.

Der strukturtheoretische Ansatz zielt dagegen zentral auf die professionellen Handlungsanforderungen in der Erziehung, Bildung und Sozialisation von Kindern und Jugendlichen in pädagogischen Institutionen. Er fokussiert so auf die Strukturlogik eines professionellen Handelns. Diese Strukturlogik leitet sich aus der Organisation und Ordnung pädagogischer Arbeit in modernen Gesellschaften ab. Beispielsweise eröffnet und begrenzt die Existenz einer Schulklasse, in der in einem dafür vorgesehenen Raum ein Repräsentant der erwachsenen die jüngere Generation geplant unterrichtet, bestimmte Handlungsmöglichkeiten. Da das pädagogische Handeln in pädagogischen Arbeitsfeldern paradox strukturiert ist, wird in diesem Ansatz pädagogische Professionalität als Bewältigung in sich widersprüchlicher Berufsanforderungen verstanden (z. B. für die Soziale Arbeit Schütze 2021, S. 241 ff.; für den Lehrer*innenberuf Helsper 1995, 1996; zusammenfassend Helsper 2021). Diese Paradoxien des professionellen Handelns sind aber nicht nur in der Pädagogik, sondern auch in anderen Professionen (Medizin, Jura etc.) virulent. Sie sind ein wesentliches Merkmal von Professionen und grenzen diese von Berufen und anderen Tätigkeiten ab. Um mit den Paradoxien und den damit verbundenen Ungewissheiten umgehen zu können, durchlaufen Professionelle eine akademische Ausbildung und eignen sich wissenschaftlich fundierte Erkenntnisse und einen „reflexiv-erkenntniskritischen Habitus" an (Helsper 2021, S. 93). Akademisches Wissen und daraus gewonnene Analyse- und Reflexionskompetenzen helfen Professionellen, um fallbezogen und situativ, an Jugendlichen, ihren Lebenswelten und Problemlagen orientiert, handeln zu können. Dieses exklusive, systematische und spezialisierte Problemlösewissen für Entwicklungs- und Risikolagen in einem bestimmten abgrenzbaren und für den Erhalt und die Ordnung der Gesellschaft wichtigen Aufgabenbereich (z. B. Gesundheit, Gerechtigkeit, Erziehung und Bildung) kennzeichnet grundsätzlich Professionen. Nach Oevermann (2002, S. 23) besteht der Strukturkern darin, „dass Professionen sich darauf gründen, stellvertretend für Laien, d. h. für die primäre Lebenspraxis, deren Krisen zu bewältigen". Dabei können sie jedoch nicht davon ausgehen, dass dieses Wissen ausreichend ist, um Probleme der Klienten zu lösen und den Bedarfen gerecht zu werden. Die Paradoxien professionellen Handelns sind nicht aufhebbar und zu lösen, sie können „lediglich" bearbeitet und reflexiv gehandhabt werden. Denn Professionelle können nicht allein auf standardisiertes Wissen zurückgreifen und müssen mit Unwägbarkeiten und Ungewissheiten in der fallbezogenen „Vermittlung" umgehen. Mediziner müssen beispielsweise Krankheitssymptome und die Lehrkraft eine Unterrichtsstörung deuten, ohne absolut sicher wissen zu können, ob die gewählte Behandlungsmethode oder die Intervention letztlich in der Situation bzw. bei der*dem individuellen Patient*in/Schüler*in auch zum Erfolg bzw. zur Entwicklung führt. Es liegt eine Problemkonstellation vor, die die betroffenen Personen selbst nicht lösen können. Professionelle sollen helfen, so zu unterstützen und zu wirken, dass ihr Tun im weiteren Verlauf überflüssig wird und sie nicht mehr gebracht werden. Für dieses fallbezogene Entscheiden und nicht deautonomisierende Handeln werden Professionellen Autonomie- und Gestaltungsspielräume in der Ausübung des Berufs eingeräumt. Dabei müssen Professionelle ebenfalls mit der Diskrepanz zwischen dem Alltagswissen der Klienten/Patienten, gerade in der Arbeit mit Jugendlichen, und dem wissenschaftlichen Wissen vermitteln. Zumal die Entgrenzung von Wissenschaftswissen durch Metaprozesse wie Digitalisierung und Globalisierung zugenommen hat und mitunter durch Fake News etc. unterlaufen wird. Insgesamt brauchen Professionelle damit sowohl fachliche als auch generische (z. B. Kommunikation, Berufsethos) Kompetenzen und Fähigkeiten.

Ausgehend von diesen grundlegenden Bestimmungen beschreibt Helsper (1995, 1996) auch die Lehrer-Schüler-Beziehung als ein von nicht aufhebbaren Antinomien durchzogenes Arbeitsbündnis, in dessen Zentrum die zu vermittelnde Sache steht. Die pädagogische Beziehung ist somit eine sachhaltige bzw. -vermittelte Beziehung. Kennzeichnend in diesem Modell sind die widersprüchlichen Handlungsanforderungen in der Grundantinomie von Sachorientierung auf der einen und der Personenorientierung auf der anderen Seite. In der Sozialen Arbeit wird auch von einem paradoxen doppelten Mandat des pädagogischen Personals gesprochen, also einem doppelten Auftrag sowohl im Sinne, Interesse und zum Wohle der Jugendlichen als auch im Sinne des Staates und der Gesellschaft zu handeln. Aus diesen Grundwidersprüchen lassen sich, vor dem Hintergrund der Spezifik der jeweiligen pädagogischen Felder, weitere Beziehungsparadoxien ableiten. Für die Schule und den Lehrer*innenberuf sind etwa die Pole von Nähe und Distanz, Vertrauen und Misstrauen, Symmetrie und Asymmetrie, Autonomie und Heteronomie, Homogenisierung und Pluralität bzw. Heterogenität sowie Interaktion und Organisation zu bestimmen, die in der Handlungssituation das Lehrerhandeln grundsätzlich professionalisierungsbedürftig machen (Helsper et al. 2007, S. 508). In der sozialen Arbeit werden darüber hinaus Paradoxien wie Hilfe und Kontrolle diskutiert.

Wie bereits deutlich wurde, zielt der strukturtheoretische Ansatz auf die Beschreibung der nicht steuerbaren strukturellen Handlungslogiken bzw. -probleme in der Interaktion zwischen pädagogisch Professionellen und Klient*innen bzw. Schüler*innen. Diese werden aus der Differenz zu anderen Handlungsvollzügen herausgearbeitet (Helsper 2021, S. 92). Was oben mit der stellvertretenden Deutung und Bearbeitung der Krisenbewältigung des Klienten im Allgemeinen für Professionen festgehalten wurde, scheint im Besonderen für pädagogisches Handeln mit Jugendlichen zu gelten. Einige der zentralen Paradoxien bzw. Antinomien berühren zentrale Strukturmerkmale und sensible Bearbeitungsbereiche der

5.4 Professionelle pädagogische Arbeit mit Jugendlichen: Paradoxien, ...

Jugendphase (Autonomie vs. Heteronomie; Vertrauen vs. Misstrauen; Nähe vs. Distanz; Heterogenität vs. Homogenisierung). Denn wie im vierten Kapitel deutlich gemacht wurde, sind Jugendliche insbesondere mit lebenspraktischen Krisenlösungen und Selbstpositionierungen beschäftigt. Es geht hier also mit Oevermann (1996, S. 89) gesprochen um die „Aufrechterhaltung bzw. (Wieder-)Herstellung der leiblichen und psychosozialen Integrität von Individuen" und „um die Ermöglichung von Autonomie und Handlungsfähigkeit durch die Initiierung von Bildungsprozessen" (Helsper 2021, S. 95). Pädagog*innen beeinflussen und gestalten diese Bildungsprozesse früh mit und sind Teil von Subjektbildungsprozessen. Sie sind folglich für deren Entfaltung aber auch für die Beeinträchtigung mitverantwortlich und können für den lebensgeschichtlichen Verlauf und für das weitere Leben von Jugendlichen sehr relevant werden (ebd., S. 96). Somit zeitigt pädagogisches Handeln nicht intendierte oder neue Krisen auslösende Folgen, da eine Intervention und Hilfe die Abhängigkeit größer machen und eine Stärkung immer auch als Belastung oder gar Bedrohung wahrgenommen werden kann. Pädagogisches Handeln sollte deswegen Empowerment der Jugendlichen im Blick haben und diese Handlungsbefähigung zur Geltung bringen (ebd., S. 97).

Dabei ist pädagogische Arbeit mit Jugendlichen eine besondere professionelle Herausforderung, da Prognosen und Aussagen über ihre Zukunft nur schwer zu treffen sind:

> „Diese Zukunftsaussage setzt eigentlich eine zweifelsfreie wissenschaftliche Abklärung über die Entwicklungspotenziale einerseits und die Fehlleitungs-, Ablenkungs- und Retardierungstendenzen der biografischen Identitätsentwicklung des jugendlichen Klienten andererseits voraus. Eine solche Abklärung ist aber in der Regel nicht völlig zweifelsfrei möglich, weil das Innere der Persönlichkeit des jugendlichen Klienten, seine sozialen Lebensbezüge, seine biografischen Erfahrungen und der Gesamtvektor seiner persönlich-sozialen Entfaltungs- und Retardierungstendenzen nie ganz offen und umfassend zu Tage liegen und weil zudem in Zukunft fallhistorisch spezifische Außenereignisse eintreten können, die im Kern überhaupt nicht antizipierbar sind" (Schütze 2015, S. 1).

Da man in der Praxis nicht sicher sein kann, dass standardisiertes Wissen, Methoden etc. im Einzelfall angemessen sind, sind individuelle Fehldeutungen und interaktive Missverständnisse Teil des professionellen Handelns, weshalb verschiedene Formen der kollektiven Reflexion (z. B. kollegiale Fallberatung, Supervision) für Professionen von Bedeutung sind. Gerade in der Arbeit mit Jugendlichen, die von Grenzen und Entgrenzungen, Anerkennung und Verletzungen, Krisen und Routinen sowie Autonomie und Abhängigkeit geprägt ist, mit denen sich sowohl Jugendliche als auch die Pädagog*innen auseinandersetzen müssen, machen Formen des rekonstruktiven pädagogischen Fallverstehens einen Kern von Professionalität aus (Kraimer 2000; Oevermann 2002; Helsper 2021). Der Fall kann ein*e einzelne*r Jugendliche*r, seine/ihre Situation oder sein/ihr Verhalten sein, das können aber auch kollektive Ausdrucksformen von Jugenden oder die gesellschaftliche Entwicklung und Zuschreibung von Jugend sein. Um Krisen von Jugendlichen deuten zu können, sind Pädagog*innen immer wieder angehalten, sie und ihre Lebenswirklichkeit – individuell wie kollektiv – nachzuzeichnen und auf dieser Grundlage zu verstehen. Man muss also verstehen, wie Jugendliche sich selbst und die Welt verstehen. Im Zusammenspiel von wissenschaftlichem Wissen (z. B. Entwicklungstheorien, sozio-kulturelle Hintergründe etc.) und dieser Perspektivübernahme können Handlungs- und Reflexionsoptionen erhöht werden.

▶ **Zusammenfassung des Kapitels** Jugend(en) und Jugendliche stehen im Zentrum der Angebote, Konzepte und Methoden pädagogischer Praxis. In diesem abschließenden Kapitel wurde deutlich, dass in der unsicheren und ungewissen Übergangs- und Transformationsphase, in der sich Jugendliche biografisch und gesellschaftlich befinden, eine besondere professionelle Sensibilität und Toleranz gefragt ist. Vor diesem Hintergrund wurden mit den Grenzen und Entgrenzungen, Anerkennungen und Verletzungen in der pädagogischen Arbeit mit Jugendlichen sowie den Referenzen der erziehungswissenschaftlichen Reflexion eines professionellen pädagogischen Handelns elementare Rahmungen und Horizonte diskutiert und eingeordnet.

1. Der Langenscheidt-Verlag kürt jedes Jahr ein Jugendwort und hat ein Buch zur Jugendsprache herausgegeben. Was meinen Sie: Sollten Pädagog*innen Jugendsprache kennen, verstehen, beherrschen, anwenden oder ablehnen? Begründen Sie Ihre Position!
2. Inwieweit ist Ihre Studien- oder Berufswahl durch ihre Erfahrungen in der Jugendzeit beeinflusst? Beantworten Sie auf Basis der Überlegungen im Kapitel, welche sowohl positiven als auch womöglich spannungsreichen Momente diese für Ihre spätere oder aktuelle Arbeit haben?
3. Wie können Pädagog*innen mit der Tatsache umgehen, dass sie im Beruf immer älter werden, aber die Jugendlichen, mit denen Sie arbeiten, gleich alt bleiben und dabei immer Neues (z. B. Vorstellungen zum Leben, Musik, Sprache etc.) hervorbringen? Wie können sich Pädagog*innen auf diese Veränderungen einstellen und verhindern, sich nicht zu stark von jugendlichen Erfahrungswelten und Orientierungen zu distanzieren?

Literatur

Balzer, N., & Ricken, N. (2010). Anerkennung als pädagogisches Problem – Markierungen im erziehungswissenschaftlichen Diskurs. In A. Schäfer & C. Thompson (Hrsg.), *Anerkennung* (S. 35–87). Paderborn: Ferdinand Schöningh.

Bauer, U. (2023). *Sozialisation in der Kontroverse*. Weinheim, Basel: Beltz Juventa.

Bernfeld, S. (1973): *Sisyphos oder die Grenzen der Erziehung*. Frankfurt am Main: Suhrkamp.

Böhnisch, L. (2023). *Lebensbewältigung. Ein Konzept für die Soziale Arbeit*. Weinheim, Basel: Beltz Juventa.

Butler, J. (2001). *Psyche der Macht. Das Subjekt der Unterwerfung*. Frankfurt/M.: Suhrkamp.

Butler, J. (2014): Epilog. In B. Kleiner & N. Rose (Hrsg.), *(Re-)Produktion von Ungleichheiten im Schulalltag. Judith Butlers Konzept der Subjektivation in der erziehungswissenschaftlichen Forschung* (S. 181-187). Opladen u.a.: Budrich.

Erikson, E.H. (1966). *„Identität und Lebenszyklus"*. Frankfurt a.M.: Suhrkamp.

Fend, H. (1994). *Die Entdeckung des Selbst und die Verarbeitung der Pubertät. Entwicklungspsychologie der Adoleszenz in der Moderne*. Bern et al.: Bernd Huber Verlag.

Fend, H. (1997). *Der Umgang mit Schule in der Adoleszenz. Aufbau und Verlust von Lernmotivation, Selbstachtung und Empathie*. Bern et al.: Bernd Huber Verlag.

Grunert, C. (2020). Jugend – noch eine relevante Kategorie erziehungswissenschaftlicher Forschung? Zum Stellenwert von Jugendforschung in der Erziehungswissenschaft. In C. Grunert, K. Bock, N. Pfaff & W. Schröer, W. (Hrsg.). *Erziehungswissenschaftliche Jugendforschung: Ein Aufbruch* (S. 15–34). Wiesbaden: VS Verlag.

Grunert, C., & Pfaff, N. (2020). Jugendforschung zwischen Jugendkulturforschung und Schul-forschung – disziplinkritische Beobachtungen. In A. Gibson, M. Hummrich & R.-T. Kramer (Hrsg.), *Rekonstruktive Jugendkulturforschung. Flashback – Flashforward* (S. 77–94). Wiesbaden: VS Verlag.

Helsper, W. (1995). Pädagogisches Handeln in den Antinomien der Moderne. In H.-H. Krüger & W. Helsper (Hrsg.), *Einführung in die Erziehungswissenschaft. Grundbegriffe und Grundlagen* (S. 15–34). Bd. 1. Opladen: Leske + Budrich.

Helsper, W. (1996). Antinomien des Lehrerhandelns in modernisierten pädagogischen Kulturen. Para-doxe Verwendungsweisen von Autonomie und Selbstverantwortlichkeit. In A. Combe & W. Helsper (Hrsg.), *Pädagogische Professionalität: Untersuchungen zum Typus pädagogischen Handelns* (S. 521–570). Frankfurt a.M.: Suhrkamp.

Helsper, W. (2021): *Professionalität und Professionalisierung pädagogischen Handelns. Eine Einführung*. Opladen: Barbara Budrich.

Helsper, W., Kramer, R.-T., Hummrich, M, Busse, S. (2009). *Jugend zwischen Familie und Schule. Eine Studie zu pädagogischen Generationsbeziehungen*. Wiesbaden: Springer VS

Helsper, W., Ullrich, H., Stelmaszyk, B., Höblich, D., Graßhoff, G., & Jung, D. (2007). *Autorität und Schule. Die empirische Rekonstruktion der Klassenlehrer-Schüler-Beziehung an Waldorfschulen*. Wiesbaden: Springer VS.

Hericks, U. (2006). *Professionalisierung als Entwicklungsaufgabe*. Wiesbaden: Springer VS.

Honneth, A. (1994). *Kampf um Anerkennung: Zur moralischen Grammatik sozialer Konflikte*. Frankfurt am Main: Suhrkamp.

Hubermann, M. (1991). Der berufliche Lebenszyklus von Lehrern: Ergebnisse einer empirischen Untersuchung. In E. Terhart (Hrsg.), *Unterrichten als Beruf* (S. 249–267) Köln und Wien: Böhlau.

King, V. (2013). *Die Entstehung des Neuen in der Adoleszenz. Individuation, Generativität und Geschlecht in modernisierten Gesellschaften.* Wiesbaden. Springer VS.

Kraimer, K. (2000). Die Fallrekonstruktion – Bezüge, Konzepte, Perspektiven. In K. Kraimer (Hrsg.), *Die Fallrekonstruktion. Sinnverstehen in der sozialwissenschaftlichen Forschung* (S. 23–58). Frankfurt a.M.: Suhrkamp.

Kuhlmann, N., & Ricken, N. (2022). Subjektivierung von Schüler*innen. In H. Bennewitz, H. de Boer & S. Thiersch (Hrsg.), *Handbuch der Forschung zu Schülerinnen und Schülern* (S. 99–109). Münster/New York. Waxmann.

Kuhlmann, N. (2023). *„Verantwortung" als pädagogischer Topos. Anerkennungstheoretische Perspektiven".* Weinheim, Basel: Beltz Juventa.

Merl, T. (2021). Sich der pädagogischen Handlungsfähigkeit vergewissern. Autorisierungen im Unterricht. *Zeitschrift für interpretative Schul- und Unterrichtsforschung, 10, (10),* (S. 43–55).

Müller, B. (2001). Pädagogische Generationsverhältnisse aus psychoanalytischer Sicht. In R.-T. Kramer, W. Helsper & S. Busse (Hrsg.), *Pädagogische Generationsbeziehungen: Jugendliche im Spannungsfeld von Schule und Familie* (S. 63–77). Wiesbaden: VS Verlag.

Oevermann, U. (1996). Theoretische Skizze einer revidierten Theorie professionalisierten Handelns. In A. Combe & W. Helsper (Hrsg.), *Pädagogische Professionalität. Untersuchungen zum Typus pädagogischen Handelns* (S. 70–140). Frankfurt a. M.: Suhrkamp.

Oevermann, U. (2002). Professionalisierungsbedürftigkeit und Professionalisiertheit pädagogi-schen Handelns. In M. Kraul, W. Marotzki & C. Schweppe (Hrsg.), *Biographie und Profession* (S. 19–64). Bad Heilbrunn: Klinkhardt.

Oldendörp, J. (2017). Entgrenzung der Lehrerrolle als Symptom schwindender Generationsgrenzen. In Institut für Erziehungswissenschaft der Leibniz Universität Hannover, *falltiefen. Beiträge aus der kasuistischen Lehrerbildung am Institut für Erziehungswissenschaft* (S. 41– 51) 3. Ausgabe. Hannover.

Prengel, A. (2013). *Pädagogische Beziehungen zwischen Anerkennung, Verletzung und Ambivalenz.* Opladen: Budrich.

Ricken, N. (2013). Anerkennung als Adressierung. Über die Bedeutung von Anerkennung für Subjektivierungsprozesse. In T. Alkemeyer, G. Budde & D. Freist (Hrsg.), *Selbst-Bildungen. Soziale und kulturelle Praktiken der Subjektivierung* (S. 69–99). Bielefeld: Transcript.

Ricoeur, P. (2006). *Wege der Anerkennung.* Frankfurt/M.: Suhrkamp.

Schäfer, A., & Thompson, C. (2009). *Autorität.* Paderborn: Schöningh.

Scherr, A. (2003). Jugendarbeit als Subjektbildung. In W. Lindner, W. Thole & J. Weber (Hrsg.), *Kinder- und Jugendarbeit als Bildungsprojekt* (S. 87–102). Opladen: Leske und Budrich.

Scherr, A. (2021). Subjektorientierte Offene Kinder- und Jugendarbeit. In U. Deinet, B. Sturzenhecker, L. von Schwanenflügel & M. Schwerthelm (Hrsg.), *Handbuch Offene Kinder- und Jugendarbeit* (S. 639–652). Springer VS, Wiesbaden.

Schütze, F. (2015). Paradoxien professionellen Handelns. In R. Rätz & B. Völter (Hrsg.), *Wörterbuch Rekonstruktive Soziale Arbeit* (S. 1–5). Opladen, Berlin, Toronto: Verlag Barbara Budrich.

Schütze, F. (2021). *Professionalität und Professionalisierung in pädagogischen Handlungsfeldern – soziale Arbeit*. Opladen: Barbara Budrich/UTB.
Sliwka, A. (2018). *Pädagogik der Jugendphase. Wie Jugendliche engagiert lernen. Hintergründe und Praxiswissen*. Weinheim und Basel: Beltz.
Spranger, E. (1925). *Psychologie des Jugendalters*. 4. durchges. Aufl., Leipzig: Quelle & Meyer.
Walper, S., & Tippelt, R. (2002). Methoden und Ergebnisse der quantitativen Kindheits- und Jugendforschung. In H.-H. Krüger & C. Grunert (Hrsg.), *Handbuch Kindheits- und Jugendforschung* (S. 189–224). Opladen: Leske + Budrich.
Wernet, A. (2003). *Pädagogische Permissivität. Schulische Sozialisation und pädagogisches Handeln jenseits der Professionalisierungsfrage*. Opladen: Leske+Budrich.
Wernet, A. (2004). Pädagogische Professionalität „außer Dienst": Eine Replik auf Twardella. *Pädagogische Korrespondenz*, 33, S. 75–87.
Wernet, A. (2005). Über pädagogisches Handeln und den Mythos seiner Professionalisierung. In M. Pfadenhauer (Hrsg.), *Professionelles Handeln* (S. 125–146). Wiesbaden: Springer VS.
Wernet, A. (2011). Zur entgrenzenden und entspannenden Informalisierung unterrichtlicher Interaktion. In A. Aßmann & O. Krüger (Hrsg.), *Ironie in der Pädagogik* (S. 163–180) Weinheim und München: Juventa.
Wernet, A. (2017). Jugendliche Devianz und pädagogische Toleranz. In Institut für Erziehungswissenschaft der Leibniz Universität Hannover (Hrsg.), *falltiefen. Beiträge aus der kasuistischen Lehrerbildung am Institut für Erziehungswissenschaft* (S. 83–86). 3. Ausgabe. Hannover.
Wernet, A. (2018). Entgrenzung. In M. Proske & K. Rabenstein (Hrsg.), *Kompendium qualitativer Unterrichtsforschung* (S. 240–256). Bad Heilbrunn: Klinkhardt.
Wimmer, M. (1996). Zerfall des Allgemeinen – Wiederkehr des Singulären. Pädagogische Professionalität und der Wert des Wissens. In A. Combe & W. Helsper (Hrsg.), *Pädagogische Professionalität. Untersuchungen zum Typus pädagogischen Handelns* (S. 404–447). Frankfurt am Main: Suhrkamp.
Winterhager-Schmid, L. (1996). Die Dialektik des Generationenverhältnisses. Pädagogische und psychoanalytische Variationen. In E. Liebau, E. & C. Wulff, (Hrsg.), *Generation: Versuche über eine pädagogisch-anthropologische Grundbedingung* (S. 222–244). Weinheim: Deutscher Studienverlag.

If you have any concerns about our products,
you can contact us on
ProductSafety@springernature.com

In case Publisher is established outside the EU,
the EU authorized representative is:
**Springer Nature Customer Service Center GmbH
Europaplatz 3, 69115 Heidelberg, Germany**

Printed by Libri Plureos GmbH
in Hamburg, Germany